© der deutschsprachigen Ausgabe:
Fleurus Verlag GmbH, Köln 2003
Alle Rechte vorbehalten
© Editions Fleurus, Paris 2002
Titel der französischen Ausgabe:
L'encyclopédie de l'imagerie. La classe benjamin
ISBN 3-89717-190-2

10 9 8 7 6 5 4 3 2

Printed in France by *Partenaires-Livres*® (JL 06/03)

BILDNACHWEISE

S. 164 oben rechts: Altarikone: Mutter Gottes mit Kind © Bridgeman-Giraudon-Lauros.
S. 165 oben, von links nach rechts: Spielende Kinder, Bruegel - © Bridgeman-Giraudon - Seerosenteich, Monet (1840–1926) - Orsay - © Foto: RMN - H. Lewandowski - © Adagp, Paris 2002 - Maya mit Puppe, Picasso © Foto: RMN R.G. Ojeda - © Succession Picasso 2002.
Unten: ⑥ Josephine Baker - Alexander Calder (1898–1976) © Foto: CNAC / MNAM dist. RMN © Adagp, Paris 2002. ⑦ Große Frau stehend IV - 1960 - Alberto Giacometti - Privatsammlung Bridgeman-Giraudon Art Library - Christie's Images - © Adagp, Paris 2002. ⑧ Futurist Flower - 1925 - Holzskulptur - Giacomo Balla (1871–1958) - Privatsammlung Bridgeman-Giraudon Art Library - © Adagp, Paris 2002.

FLEURUS BILDERLEXIKON

Idee:
Jacques Delaroche

Text:
Sylvie Deraime

Illustrationen:
François Vincent
Jean-Noël Rochut
Sophie Beaujard
François Ruyer
Valérie Stetten
Jean-Baptiste Neny
Jacques Dayan
Yves Lequesne
Cinzia Antinori – M.I.A.
Sandra Smith

Aus dem Französischen von
Caroline Lerch

FLEURUS VERLAG

Schulwissen

Inhalts

GESCHICHTE

Die ersten Menschen	8-9
Die Jungsteinzeit	10-11
Im alten Ägypten	12-15
Der griechische Stadtstaat	16-17
Die Welt der Griechen	18-19
Das Leben der Römer	20-21
Das römische Weltreich	22-23
Die Germanen	24-25
Die Wikinger	26-27
Das Mittelalter	28-29
Städte und Kathedralen	30-31
Die Renaissance	32-33
Entdeckungsreisen	34-35
Ludwig XIV.	36-37
Von der Revolution zum Kaiserreich	38-39
Die Industrielle Revolution	40-41
Der Erste Weltkrieg	42-43
Der Zweite Weltkrieg	44-45

DER MENSCH IM ALLTAG

Erfindungen	46-47
Arbeit und Demokratie	48-49
Fortschritt im 20. Jahrhundert	50-51
Die Landwirtschaft	52-53
Die Rinderzucht	54-55
Das Leben auf dem Land	56-57
Das Leben in den Bergen	58-59
Der Berg ruft	60-61
Der Fischfang	62-63
Am Meer	64-65
Supermärkte und Einkaufszentren	66-67
Züge	68-69
Flugzeuge	70-71
Kommunikationsmittel	72-73
Medien	74-75
Der Wasserkreislauf	76-77
Leben in der Demokratie	78-79
Recht und Ordnung	80-81
Die Feuerwehr	82-83
Erste Hilfe	84-85
Die Religionen	86-87

verzeichnis

GEOGRAFIE

Europa	88-91
Nordamerika	92-95
Südamerika	96-99
Asien	100-103
Afrika	104-107
Australien	108-111

GEOLOGIE

Wie die Erde entstand	112-113
Die Berge	114-115
Vulkane	116-117
Ozeane und Meere	118-119
Süßwasser	120-121
Klimazonen	122-123
Naturgewalten	124-125
Wetter	126-127
Brennstoffe	128-129
Erneuerbare Energien	130-131

DER WELTRAUM

Sonne, Erde, Mond	132-133
Das Sonnensystem	134-135
Das Universum erforschen	136-137
Erkundungen im All	138-139

DIE PFLANZEN

Bäume	140-141
Pflanzenwachstum	142-143

DIE TIERE

Die Evolution	144-145
Tiere, die Eier legen	146-147
Säugetiere	148-149
Besondere Fähigkeiten	150-151
Bedrohte Tierarten	152-153

DER MENSCHLICHE KÖRPER

Skelett und Muskeln	154-155
Die Atmung	156
Der Blutkreislauf	157
Der Verdauungsapparat	158-159
Das Gehirn	160-161
Wie Leben entsteht	162-163

DIE KÜNSTE

Malerei und Bildhauerei	164-165
Architektur	166-167
Musik und Tanz	168-169
Kino und Fotografie	170-171

DIE FLAGGEN

180 Länder der Welt	172-173

GESCHICHTE
DIE ERSTEN MENSCHEN

Vor 3,5 Millionen Jahren tauchen in Afrika die ersten menschenähnlichen Wesen auf. Während der Alt- und Mittelsteinzeit entwickeln sie sich immer weiter. Sie verbessern ihre handwerklichen und geistigen Fähigkeiten und lernen zunehmend, die Natur für sich zu nutzen. Nach und nach breiten sie sich auf dem Erdball aus.

Der Homo habilis
Er folgt auf den Australopithecus und ist der erste Vertreter der Gattung Homo. Damit ist er der eigentliche Vorfahre des Menschen. Er entdeckt die Sprache und baut aus Ästen und Blättern Behausungen.

Der Australopithecus ist den Menschenaffen noch sehr ähnlich. Sein Name bedeutet „Affe aus dem Süden". Er ist 1,10 m groß und bewegt sich gebückt und mit hängenden Armen vorwärts. Der Homo erectus, der aufrecht gehende Mensch, ist um 40 cm größer und hat einen größeren Kopf. Der Homo sapiens, der wissende Mensch, ist dem heutigen Menschen am ähnlichsten. Er ist 1,70 m groß. Sein Gehirn hat ungefähr dieselben Ausmaße wie das unsere.

Mensch und Feuer
Vor ungefähr 800 000 Jahren entdeckt der Homo erectus das Feuer, indem er zwei Äste oder Steine aneinander reibt. Mithilfe von Feuer schmiedet er Lanzenspitzen für die Jagd. Er kann das Fleisch seiner Beute nun auch über dem Feuer garen. Von Afrika breitet sich der Homo erectus nach Asien und Europa aus.

Die ersten Bestattungen
Die Neandertaler, Abkommen des Homo sapiens im eiszeitlichen Europa, bestatten als Erste ihre Toten. Mit einem Mammutknochen wird eine Grube ausgehoben, in die man die Leiche und ihre Jagdwaffen bettet. Der Neandertaler ist nach einem Fund im Neandertal bei Düsseldorf benannt.

Vor ungefähr 3,5 Millionen Jahren...

Heute kannst du in Höhlen Malereien bestaunen, die der Cromagnon-Mensch vor mehr als 25 000 Jahren geschaffen hat.

Die ersten Werkzeuge

Der Australopithecus verwendet noch einfache Steine, wie er sie in der Natur vorfindet. Der Homo habilis bearbeitet bereits Steine und fertigt aus ihnen Jagdwaffen an. Der Homo erectus verwendet zweischneidige Waffen: Dafür schleift er einen Stein an beiden Seiten scharf. Der Cromagnon-Mensch erhitzt den Stein, um ihn besser bearbeiten zu können. Außerdem stellt er aus Holz und Knochen Pfeilspitzen her.

Die ersten Künstler

Der Cromagnon-Mensch ist der erste Künstler Europas. Mithilfe von Holzkohle, spitzen Steinen und Pflanzensaft zeichnet er Mammuts, Bisons und Wildpferde auf Höhlenwände. Berühmt sind die Felsmalereien von Lascaux in Südfrankreich.

Die Erde wird bevölkert

Vor rund 40 000 Jahren verlassen die ersten Menschen Afrika und breiten sich über den ganzen Erdball aus. Sie jagen große Säugetiere mit neuen Waffen, wie Pfeil und Bogen. Die Tierhäute werden mit Nadeln aus Knochen zusammengenäht und dienen als Kleidung. Man baut auch Unterkünfte aus ihnen.

GESCHICHTE
DIE JUNGSTEINZEIT

Vor rund 12 000 Jahren erwärmt sich das Klima. Die Lebensbedingungen von Mensch und Tier ändern sich. Die Jäger und Sammler ernähren sich jetzt zunehmend von Pflanzen und zahlreich auftretenden Säugetieren. Im Nahen Osten, in Asien und Südamerika geben die Menschen ihr Nomadendasein auf, lassen sich fest nieder und betreiben Landwirtschaft.

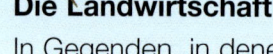

Die Landwirtschaft

In Gegenden, in denen Weizen, Roggen, Mais, Erbsen oder Gewürze wild wachsen, kann Ackerbau entstehen. Zunächst sammeln die Menschen die Pflanzen und beobachten, wie sie wachsen. Um 8000 v. Chr. beginnen sie dann selbst mit dem Anbau. Außerdem jagen sie wilde Schafe, Ziegen, Auerochsen und Esel. Sie fangen die Tiere ein und halten sie bald schon auf umzäunten Weiden, damit sie nicht die Ernte auffressen. Die gezähmten Tiere erweisen sich als sehr nützlich für den Ackerbau. Rinder werden beispielsweise vor den Pflug gespannt.

Neue Werkzeuge

In der Jungsteinzeit werden Steine bearbeitet, bis sie scharfe Bruchkanten haben, und dann an Holzstöcken befestigt. Die Geräte kommen im Ackerbau zum Einsatz. Mit ihnen kann man Äcker umgraben, Furchen ziehen, aussäen, Getreide schneiden oder Bäume fällen.

Die ersten Siedlungen

Die Menschen werden sesshaft und bauen Häuser aus verschiedenen Materialien: Holz, Stroh, Lehm oder Stein. Der Ackerbau sorgt für ausreichend Nahrung und die Bevölkerung wächst. Die Gebiete sind nun dichter besiedelt und es werden immer mehr Häuser gebaut. Im Nahen Osten entstehen Dörfer mit terrassenartig gestuften Dächern.

Um 4500 v. Chr. wird in ganz Europa Ackerbau betrieben. Die ersten Dörfer bestehen aus rund zehn Häusern. Vor feindlichen Übergriffen schützen Palisaden: Schutzzäune aus eingegrabenen und zugespitzten Holzpfählen. Man teilt sich die Aufgaben: Die Bauern betreiben Landwirtschaft, die Handwerker stellen Werkzeuge und Waffen her, wieder andere treiben mit Waren Handel.

Die Landwirtschaft entsteht

Weben und Töpfern

Die Felder werden immer größer und die Ernten immer üppiger. Um das Getreide zu lagern, töpfert der Mensch Gefäße. Außerdem baut er Öfen aus Ton, in denen man Brot backen kann. Auf den ersten Webstühlen werden warme Kleider aus Ziegen- oder Schafwolle hergestellt.

Fischer und Jäger

Fischerei und Jagd ergänzen den Speisezettel. Die Menschen höhlen aus Holzstämmen Boote aus oder binden aus Schilfrohr Floße zusammen. Mit ihnen bewegen sie sich auf dem Wasser fort. Aus Schilfrohr oder Weidenruten stellen sie Fischernetze her. Zum Fischfang benutzen sie auch Harpunen aus Tierknochen.

Steindenkmäler

Megalithen, riesige Steindenkmäler, sind über ganz Europa verstreut. Die ältesten entstehen vor 6000 Jahren. Fels wird erhitzt und dann mit Wasser wieder abgekühlt. Dadurch spaltet sich der Stein. Die größten Bruchstücke werden anschließend mit Schlägen weiter bearbeitet. Dann werden sie an die gewünschte Stelle befördert und aufgerichtet. Keltische Steingräber sind oft in Form von Dolmen errichtet: Das sind Gänge mit Deckplatten. Die Menhire, aufrecht stehende Felsblöcke, sind dagegen in einer Linie oder im Kreis angeordnet. Sie dienen zu religiösen Zwecken oder zur Wetterbeobachtung und Sternkunde.

Bronze- und Eisenzeit

Die Gesellschaft hat sich in verschiedene Berufszweige gegliedert. Das verstärkt sich, als die Menschen lernen, Metall zu verarbeiten. Die ersten Schmuckstücke aus Gold entstehen vermutlich um 4500 v. Chr. im heutigen Bulgarien. Später schmelzen die Menschen Zinn und Kupfer zu Bronze und stellen aus diesem harten Material eindrucksvolle Waffen her. Wer Waffen aus Metall trägt, hat das Sagen. In der Eisenzeit, die 1800 v. Chr. beginnt, setzt sich diese Entwicklung fort. Die ersten großen Städte entstehen in Mesopotamien (heute Irak): zum Beispiel Ninive und Ur.

GESCHICHTE
IM ALTEN ÄGYPTEN

An den Ufern des Nils, im Nordosten Afrikas, liegt das Ägypten der Pharaonen. Um 3000 v. Chr. vereinigt der erste Pharao alle kleinen Königreiche entlang des Flusses unter seiner Herrschaft. Damit ist der Grundstein für einen großen Staat und eine Hochkultur gelegt. Es entsteht eine der ältesten Schriften der Welt: die ägyptischen Hieroglyphen. Die günstige Lage am Nil, viele Rohstoffe und ein reger Handel mit den Ländern am Mittelmeer fördern den Reichtum des Pharaonenreiches.

Die Oase Ägypten

Ägypten ist damals die größte Oase der Welt: Sie erstreckt sich über 1000 km am Nil entlang. Im Süden blockieren sechs Wasserfälle, die Katarakte, die Schifffahrt. Im Norden verzweigt sich der Fluss in mehrere Flussarme, die das sumpfige Nildelta bilden und ins Mittelmeer münden. Links und rechts vom Flusstal gibt es nur Sand- und Steinwüste.

Das Leben am Nil

In Ägypten wird viel Landwirtschaft betrieben. Jeden Sommer tritt der Nil über die Ufer und überflutet die Felder. Fällt der Wasserspiegel wieder, bleibt der fruchtbare Nilschlamm zurück. Dann säen die Ägypter aus und bauen Getreide an.

Handel und Handwerk

Ohne Unterlass verkehren Segelschiffe und Boote auf dem Nil. Sie befördern Gold und Türkise, die Karawanen aus der Wüste herbeischaffen. Die ägyptischen Goldschmiede fertigen daraus wertvolle Schmuckstücke und Gegenstände an. Weber verarbeiten

Eine jahrtausendealte Kultur

Sie stauen außerdem das überschüssige Wasser in Becken und bewässern damit die Felder in der Trockenzeit. Auf diese Weise gedeihen Weizen, Gemüse und Flachs, eine Pflanze, aus der Leinen hergestellt wird. Aus dem Flussschlamm baut man auch Lehmhäuser. Die Wände trocknen in der Sonne und werden sehr hart.

Sumpfland

An manchen Stellen umgibt Sumpfland den Fluss. Dort tummeln sich Krokodile und Nashörner. Die Ägypter jagen die Tiere mit der Lanze. Im Sumpf wachsen auch Papyruspflanzen. Aus ihren Stielen wird das „Papier" der Ägypter gefertigt: Sie schreiben auf Papyrus.

Wir kennen die Namen der Pharaonen von Inschriften auf Gebäuden. Die Namenszüge sind in einem ovalen Rahmen in den Stein eingemeißelt. Diese Art der Darstellung nennt man Kartusche.

Flachs zu Leinen. Handwerkliche Produkte wie Schmuck oder Papyrus werden gegen Zedernholz aus dem Libanon oder Olivenöl, Wein und Wolle aus Zypern getauscht. An den großen Häfen im Nildelta wird Handel mit zahlreichen Mittelmeerländern getrieben.

Die Armee

Die Soldaten führen Krieg und sorgen für Ruhe und Ordnung im Land. Die ägyptischen Speerwerfer kämpfen zu Fuß an der Seite nubischer Bogenschützen, die in den Diensten des Pharaos stehen. Ihnen eilen Pferdewagen voraus.

Kriege und Eroberungen

Die Ägypter führen viele Kriege und erobern bei militärischen Unternehmungen große Landstriche. Sie unterwerfen viele Völker: Im Süden stellt Nubien, der heutige Sudan, Gold, Elfenbein, Sklaven und Soldaten bereit. Die Wüste Sinai im Osten ist reich an Türkisen. Die Pharaonen führten Feldzüge zum Beispiel in Libyen und Nubien. Sie kämpfen auch gegen mächtige Nachbarn, wie etwa die Hethiter in Kleinasien.

Pharao Ramses II. auf seinem Kriegswagen im Kampf gegen die Hethiter

GESCHICHTE IM ALTEN ÄGYPTEN

Das Reich der Pharaonen besteht fast 3000 Jahre, bis es 332 v. Chr. von Alexander dem Großen erobert wird. In dieser sehr langen Zeit entstehen in Ägypten beeindruckende Bauwerke, die selbst heute noch Bewunderung und Staunen hervorrufen. Ohne eine straffe Organisation hätte dieses Reich nicht so lange bestehen und einen so hohen kulturellen Stand erreichen können. An der Spitze der Gesellschaft steht der Pharao.

König und Gott

Pharao heißt der Herrscher über das ägyptische Reich. Seine Macht wird nach dem Tod an den Sohn vererbt. Insgesamt 30 Familien, die Dynastien, herrschen nacheinander über das Pharaonenreich. Der Pharao verkörpert auch die Regeln, nach denen die Welt geordnet ist. Als solcher hat er göttliche Natur und ist ein Sohn des Sonnengottes Re.

Die Pyramiden

Die Pharaonen lassen sich monumentale Gräber in Pyramidenform erbauen. Über die Stufen der Pyramiden soll der Pharao nach seinem Tod zum Sonnengott Re aufsteigen.

Die Schreiber

Die Schreiber arbeiten auf Bauplätzen oder Feldern. Schriftlich halten sie die Ernteerträge, die verwendeten Baumaterialien oder die Essensrationen fest, die an die Arbeiter verteilt werden. Zuerst ritzen sie ihre Zeichen auf Holztafeln ein, die mit Wachs überzogen sind. Später schreiben sie mit einem angespitzten Pflanzenkiel auf Papyrus.

Eine Pyramide wird gebaut

Tausende Arbeiter bauen über Jahre hinweg an einer Pyramide. Die Felsblöcke werden im Steinbruch gehauen und mit dem Schiff zum Bauplatz befördert.

Die ägyptische Kunst

Die ägyptischen Künstler arbeiten mit Holz oder Stein. Außerdem schmücken sie die Mauern von Tempeln und Gräbern mit bunten Malereien. Sie bilden die ägyptische Götterwelt oder Szenen aus dem täglichen Leben ab. Der Kopf der Personen wird immer im Profil dargestellt. Schultern und Oberkörper werden von vorne gezeigt.

Der Pharao, König und Gott

Dort behauen Handwerker sie nach den Plänen des Architekten. So entstehen neben den Pyramidensteinen auch Skulpturen und riesige Statuen. Über angeschüttete Erdrampen werden die Steinblöcke bis zu 100 m nach oben gezogen und an einer vorher bestimmten Stelle eingesetzt.

Mumien
Die Ägypter glauben an ein Leben nach dem Tod. Besondere Verfahren erlauben es, den Körper zu mumifizieren, sodass er nicht verwest. Der Tote wird dann in wachsgetränkte Stofftücher gewickelt. Die Mumie lebt in ihrem Grab, der ewigen Wohnstatt, weiter.

Das göttliche Boot
Tags fährt der Sonnengott Re über den Himmel auf einem Boot, mit dem er sich nachts unter die Erde begibt. Damit der tote Pharao zu Re gelangen kann, legt man ihm ebenfalls ein Boot mit ins Grab.

Das Grab von Tutanchamun
1922 entdeckt der Engländer Carter das bis dahin noch unbekannte Grab des Pharaos Tutanchamun. Sand hatte es verschüttet. Im Inneren ist alles gut erhalten. Die Mumie des Pharaos trägt eine Maske aus Gold.

Tempel
Die Ägypter haben viele Götter und Göttinnen. Die Pharaonen lassen für jeden von ihnen einen eigenen Tempel errichten. In dem Tempel werden die Götter in einem aufwändigen Ritual verehrt. Jeden Morgen und Abend kleiden Priester die Götterstatuen an, parfümieren sie und bringen ihnen Brot- oder Tieropfer dar. Gemeinsam mit den Priestern leben Metzger und Bäcker, aber auch Musiker und Tänzerinnen im Tempel. An hohen Festtagen werden die Statuen dem Volk gezeigt. Künstler begleiten die feierliche Prozession.

Hieroglyphen
Die ägyptische Schrift besteht aus Bildern, die Gegenstände, Personen oder Handlungen abbilden: den Hieroglyphen. Lange Zeit war es unmöglich, diese Schrift zu verstehen, denn seit dem Untergang des Pharaonenreichs ist sie nicht mehr in Gebrauch. Im 19. Jahrhundert gelingt es dem Franzosen Champollion die Hieroglyphen zu entziffern: Auf dem Stein von Rosette ist ein Text in Hieroglyphen mit griechischer Übersetzung festgehalten.

GESCHICHTE
DER GRIECHISCHE STADTSTAAT

Ab 800 v. Chr. gründen die Griechen Stadtstaaten. Jede Stadt und ihr Umland bilden einen eigenen Staat: die Polis. Die Stadtstaaten gehen erfolgreich Bündnisse miteinander gegen eindringende Feinde ein, etwa die Perser. Der größte Stadtstaat ist Athen, wo sich vor 2500 Jahren die Demokratie entwickelt: Die Macht gehört dem Volk. Die Bürger, also die freien Einwohner, beschließen Gesetze und verwalten den Stadtstaat. Unser heutiges politisches System und unser Gemeinwesen geht auf die griechische Antike zurück.

Häusliches Leben

Ein Teil des Hauses, das Gynäkeion, ist den Frauen vorbehalten. Sie kümmern sich dort um die Kleinkinder, nähen Kleidung für die Familie und bringen ihren Töchtern bei, den Haushalt zu führen. Erreicht ein Mädchen das Alter von 15 Jahren, bestimmt ihr Vater einen älteren Ehemann.

Zusammen gründen sie eine Familie und übernehmen die Pflege der Eltern, wenn diese gebrechlich werden. Frauen aus reichen Familien verlassen selten das Haus. Sklaven holen für sie am Brunnen Wasser und erledigen die Einkäufe. Ärmere Frauen verkaufen landwirtschaftliche Produkte auf dem Markt.

Geschichte in Bildern

Wir wissen, wie die Griechen damals lebten, denn aus der griechischen Antike sind Texte überliefert. Das griechische Alphabet entwickelt sich aus der phönizischen Schrift und enthält erstmals Vokale. Aber auch Vasenmalereien liefern uns wertvolle Informationen über das damalige Leben.

Auf der Pnyx

Die freien Bürger von Athen versammeln sich auf dem Hügel Pnyx, um dort Gesetze zu beschließen. Frauen, Sklaven und Metöken (Ausländer) dürfen nicht daran teilnehmen. Auf der Pnyx wählen die Bürger auch Beamte oder bestimmen sie durch das Los.

Die Beamten übernehmen die Verwaltung, bereiten die Gesetze vor und halten Gericht.

Die Demokratie entsteht

Festessen

Griechen lieben ausgedehnte Festessen im Kreise ihrer Freunde. Die Speisen werden im Liegen eingenommen. Dazu trinkt man mit Wasser verdünnten Wein. Sklaven oder freigelassene Sklaven sorgen für Musik und unterhalten die Gäste mit Tanzdarbietungen.

Götter

Die Griechen verehren zahlreiche Götter. Sie wohnen alle auf dem Olymp, dem höchsten Berg im Land. Zeus ist der Göttervater und Herrscher über die ganze Welt. Jeder Gott hat eine bestimmte Aufgabe: Poseidon wacht über das Meer, Apollo über die Musik. Jede Stadt hat einen eigenen Schutzgott oder eine eigene Schutzgöttin.

Tempel

Der Wille der Götter lenkt das menschliche Leben: Alle Ereignisse sind von den Göttern bestimmt. Um die Götter milde zu stimmen, bauen die Griechen ihnen prachtvolle Tempel. Dort beten sie und bringen den Göttern Tieropfer dar.

Politische Reden

Ein Gesetz wird erst nach lebhafter Diskussion angenommen und beschlossen. Verschiedene Redner legen nacheinander auf der Tribüne ihre Meinung dar. Eine Wasseruhr ① gibt an, wann die Redezeit abgelaufen ist. Danach folgt die Abstimmung für oder gegen das Gesetz.

Die Erziehung

Mit sieben Jahren werden kleine Jungen zu einem Lehrmeister geschickt. Er bringt ihnen das Lesen, Schreiben und Rechnen, aber auch Musizieren bei. Ein Sklave begleitet die Kinder. Er führt sie auch zur Palästra, einem Platz, auf dem Sport getrieben wird.

Die Olympischen Spiele

Ab dem Jahr 776 v. Chr. finden sich alle vier Jahre Männer aus ganz Griechenland zu Ehren von Zeus in Olympia ein. Im Stadion treten sie in verschiedenen sportlichen Wettkämpfen gegeneinander an: im Wettlauf, Zweikampf, Diskuswurf usw. Im Hippodrom werden Pferderennen veranstaltet. Die Olympischen Spiele sind heilig: Solange sie dauern, dürfen die Stadtstaaten keinen Krieg führen.

GESCHICHTE
DIE WELT DER GRIECHEN

Ganz Griechenland ist von Meer umgeben und drei Viertel des Landes sind von Bergen bedeckt. Ihre Kultur verbreiten die Griechen über den Seeweg: Sie erforschen die Küstenbereiche rund um das Mittelmeer und gründen Kolonien in fruchtbaren Ländern wie Südfrankreich, Spanien oder Nordafrika. Die Griechen betreiben Handel mit anderen Völkern oder führen Kriege gegen sie. Auch die einzelnen Stadtstaaten bekämpfen sich gegenseitig immer wieder und schließen wechselnde Bündnisse.

Die Künste
Im Theater stellen die Griechen die Taten von Helden und Halbgöttern dar. Ursprünglich werden die Stücke zu Ehren des Weingottes Dionysos aufgeführt. Die Schauspieler tragen Gesichtsmasken. Tragödien erzählen traurige und ernste Geschichten von Göttern und Herrschern, Komödien dagegen fröhliche Geschichten über bekannte Persönlichkeiten.

Die Währung
Die Griechen betreiben Handel und bezahlen Waren mit Geld. Jeder Stadtstaat prägt seine eigene Währung. Die wichtigste ist diejenige von Athen: die Drachme. Auf ihrer Vorderseite ist eine Eule, der Vogel der Schutzgöttin Athene, zu sehen. Auf der Rückseite ist die Göttin selbst abgebildet.

Baukunst
Alle Künste widmen sich der Verehrung der Götter, ganz besonders die Baukunst. Aufwändige Tempel werden für die Götter errichtet. Der Grundriss ist stets rechteckig. Hohe Säulen tragen das Dach. Die Tempel sind mit Friesen geschmückt, auf denen prachtvolle Reliefs das Leben der Götter oder heilige Zeremonien abbilden.

Handel
Aus Kolonien und fremden Ländern beziehen die Griechen Holz, Weizen, Gerste und Metalle. Alle Güter werden in Piräus, dem Hafen von Athen, angeliefert und von dort aus weitertransportiert. Griechenland selbst führt Wein, Marmor, Silber oder Gebrauchsgegenstände wie Keramikkrüge in andere Länder aus. Die Werkstätten Athens sind hoch spezialisiert und betreiben Arbeitsteilung: Eine gerbt Leder, die andere fertigt daraus Sandalen. Die Handwerker sind freie Bürger oder Ausländer. Die anstrengendsten Arbeiten, etwa im Bergbau, werden von Sklaven verrichtet.

Vom Mittelmeer bis nach Asien

Ein kriegerisches Volk

Die Griechen sind oft in Kriege verwickelt. Der berühmteste ist wohl der Trojanische Krieg, von dem der Dichter Homer erzählt: Die Griechen belagern erfolglos die Stadt Troja, bis eine List ihnen zum Sieg verhilft. Sie verstecken Krieger im Bauch eines riesigen Holzpferdes und schenken es dem belagerten Troja. So versteckt gelangen die Griechen in die Stadt und erobern sie. In anderen Schlachten bekriegen sich die Griechen gegenseitig oder kämpfen gegen die Perser.

Alexander der Große

Im 4. Jahrhundert v. Chr. herrscht Alexander der Große, König von Makedonien, über Griechenland. Mit 50 000 Soldaten und Reitern erobert er Persien (den heutigen Iran) und das Reich der ägyptischen Pharaonen. Er führt seine Armee sogar bis ins heutige Pakistan. Er gründet griechische Königtümer und zahlreiche Städte.

Die Hopliten

Hopliten nennt man schwer bewaffnete Fußtruppen. Sie sind durch Helm, Rüstung und Beinschienen geschützt. Im Kampf bilden sie eine unüberwindbare Formation. Mit dem Schild wehren sie zunächst feindliche Kämpfer ab. Dann greifen sie die Gegner an und zielen mit der Lanze auf deren Kehle.

Landwirtschaft

Große Landgüter werden von Sklaven, kleine Felder von freien Bauern bestellt. Die Griechen bauen Weizen, Gerste, Oliven und Wein an. Milch und Fleisch liefern die Schafe und Ziegen, die gut an das trockene Klima angepasst sind.

Seeschlachten

Athen besitzt eine schlagkräftige Flotte aus 200 bis 300 Kriegsschiffen, den Trieren. Sie sind sehr lang und tragen einen Rammsporn aus Bronze am Bug. Durch Segel kommen sie schnell voran. Im Kampf holt man die Segel ein und legt den Mast um. Drei Reihen Ruderer auf jeder Seite sorgen für Tempo. Kurz vor dem Zusammenprall werden die Ruder schnell eingezogen. Das Schiff stößt den Rammsporn in den Schiffsrumpf des Gegners, der untergeht.

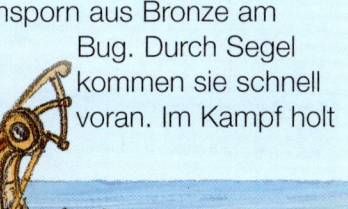

GESCHICHTE
DAS LEBEN DER RÖMER

Anfangs ist Rom nur ein kleines Dorf auf einem Hügel in der Region Latium. In diesem Gebiet siedeln die Italiker, ein Volk von Bauern und Viehzüchtern. Im 6. Jahrhundert v. Chr. übernehmen die Etrusker, die in Mittelitalien herrschen, die Macht in Rom. Sie legen die Sümpfe der Umgebung trocken und errichten die ersten großen Bauten. Rom entwickelt sich zu einer Stadt. 509 v. Chr. wird der letzte etruskische König von den Bewohnern verjagt. Sie führen die Republik ein. Rom wird die Hauptstadt eines Weltreiches.

Leben in Rom
Die reichen Römer bewohnen große Anwesen. Die einstöckigen Gebäude gruppieren sich um einen sonnigen Innenhof. Die Böden sind mit Mosaiken geschmückt. Das sind kleine, farbige Steinchen, die zu Bildern zusammengelegt sind. Bunte Fresken zieren die Wände. Der Großteil der Römer wohnt jedoch in sogenannten Insulae. Diese mehrstöckigen Häuser bieten wenig Komfort. Jede Familie hat einen eigenen Altar. Dort werden die Hausgötter verehrt, welche die Familie beschützen.

Romulus und Remus
Der Legende nach gründen die Zwillingsbrüder Romulus und Remus die Stadt Rom. Die Findelkinder werden ausgesetzt und von einer Wölfin gesäugt. Romulus und Remus wachsen heran und gründen als erwachsene Männer eine Stadt. Romulus tötet seinen Bruder und wird der erste König von Rom.

Römische Städte
Alle Städte des Römischen Reiches sind nach dem gleichen Prinzip wie Rom errichtet. Die Straßen sind schachbrettartig angelegt. Im Zentrum befindet sich stets der Marktplatz, das Forum. Dies ist ein offener Platz, den Tempel und öffentliche Gebäude umgeben. Rundum verlaufen überdachte Säulenhallen. Am Forum liegt die Basilika, eine große überdachte Halle, in der Gericht gehalten und gehandelt wird. Jede Stadt besitzt auch ein Theater sowie öffentliche Bäder, die Thermen.

Vom Dorf zur Weltstadt

Die Thermen

Am Nachmittag besuchen Männer und Frauen getrennt die Thermen, die öffentlichen Badeeinrichtungen. Für einen erschwinglichen Eintrittspreis nehmen sie heiße oder kalte Bäder und lassen sich massieren. Die Thermen sind sehr beliebt.

Erziehung

Zwischen sieben und zwölf Jahren besuchen Mädchen und Jungen die Schule. Ein Sklave oder Freigelassener lehrt sie das Lesen, Schreiben und Rechnen. Nur die Jungen setzen den Unterricht bis zum Alter von 18 Jahren fort. Sie beschäftigen sich mit griechischer und lateinischer Literatur und der Redekunst.

Solides Bauwerk!

Die Römer sind gute Architekten. Sie errichten Aquädukte, um die Städte von weither mit klarem Wasser zu versorgen. Die Römer legen in ihrem gesamten Reich ein ausgedehntes Netz von gepflasterten Straßen an. Diese schweren Arbeiten verrichten die Sklaven.

Handwerker und Händler

Im Erdgeschoss der Insulae unterhalten freie Bürger oder freigelassene Sklaven ihre Läden und verkaufen Waren. Die Handwerker stellen unter anderem bronzenes Geschirr oder Amphoren her: Das sind große Vasen, in denen Wein oder Öl gelagert wird.

Auf dem Land

Wie in Griechenland gibt es kleine Felder, die ihre Besitzer kaum ernähren, aber auch große Landgüter. Während der Besitzer in der Stadt ein bequemes Leben führt, bauen seine Sklaven auf dem Land Dinkel und Gerste an.

Zirkus

Um das Volk bei Laune zu halten, lassen römische Herrscher in der Arena des Amphitheaters Spiele veranstalten. Hier lässt man Tiere aus fernen Ländern ebenso wie Menschen gegeneinander kämpfen. Gladiatoren sind Berufskämpfer und riskieren bei jedem Kampf ihr Leben. Im Circus Maximus finden Wagenrennen statt.

GESCHICHTE
DAS RÖMISCHE WELTREICH

Im 3. Jahrhundert v. Chr. herrscht Rom über ganz Italien. Von dort aus erobert das gut organisierte und geübte römische Heer allmählich den gesamten Mittelmeerraum: von Griechenland über Nordafrika und Spanien bis nach Frankreich. Im Nordwesten erstreckt sich das Römische Reich bis nach England, im Südwesten bis nach Mesopotamien. Germanien können die Römer jedoch nicht erobern. Ab dem Jahr 27 v. Chr. herrscht über dieses riesige Weltreich ein einziger Mann: der römische Kaiser.

Ein gut organisiertes Heer

Bis ins 2. Jahrhundert v. Chr. leisten die Soldaten nur von Frühling bis Herbst Dienst. Danach ist der Armeedienst ganzjährig. Römische Bürger verpflichten sich für 20, Ausländer für 25 Jahre. Es herrschen harte Bedingungen. Das römische Heer besteht aus mehreren Legionen. Jede umfasst 6000 Soldaten. Sie kämpfen unter dem Wappen des Adlers, das die Legion vor sich herträgt.

Römische Soldaten

Ab dem 2. Jahrhundert v. Chr. kann jeder römische Bürger Soldat werden. Auch in den eroberten Provinzen werden Streitkräfte ausgehoben. Die Soldaten werden nach ihrem Dienst mit einem Stück Land entlohnt. Die fremden Soldaten erhalten zudem die römische Staatsbürgerschaft.

Die Macht im Staat

Nachdem sie die etruskischen Könige verjagt haben, gründen die Römer eine Republik. Die Bürger stimmen in Versammlungen über Gesetze ab und wählen die Beamten, welche die Geschicke Roms lenken. Nach Ende ihrer Amtszeit werden die Beamten Senatsmitglieder auf Lebenszeit. Der Senat, in dem viele reiche Bürger sitzen, spielt eine wichtige Rolle im Staat: Er schlägt Gesetze vor und regelt die Finanzen. Als Oktavian 27 v. Chr. der erste Kaiser des Römischen Reiches wird, reißt er alle Macht an sich: Er bestimmt nun die Senatsmitglieder.

Das Heer sichert die Herrschaft Roms

Ein römisches Feldlager

Die Soldaten führen auf Kriegszügen stets das nötige Material mit sich, um auf freiem Feld ein befestigtes Lager errichten zu können. Das Lager umgibt ein Graben und ein Palisadenwall. Die Zelte werden immer nach demselben Plan aufgeschlagen: So verläuft sich niemand!

In der Schlacht

Das römische Heer besteht zum größten Teil aus Fußsoldaten. Auch Reiter und Pferdewagen gehören dazu. Das Heer rückt im Kampf geschlossen gegen den Feind vor. Dabei bilden die Schilde einen Schutzpanzer gegen die gegnerischen Wurfgeschosse. Befestigte Städte werden umzingelt. Die Belagerten werden so von Verstärkung und Nachschub abgeschnitten. Dann bringen die Römer ihre Kriegsgeräte vor der Stadtmauer in Stellung.

Eroberungszüge

Die meisten Gebiete erobern die Römer auf dem Landweg. Um die nordafrikanische Stadt Karthago einzunehmen, müssen sie jedoch eine Kriegsflotte bauen. Sklaven rudern auf den Galeeren, die nach dem Vorbild phönizischer Schiffe gebaut sind. Gefangene Krieger zählen zur Kriegsbeute. Sie werden in Rom versklavt oder müssen als Gladiatoren kämpfen. Große Siege feiert man mit einem Triumphzug: Der siegreiche Feldherr zieht auf einem Pferdegespann in Rom ein. Hinter ihm folgen die Gefangenen und Wagen mit der Kriegsbeute. Zu Ehren des Feldherrn wird manchmal sogar ein Triumphbogen errichtet.

Turm auf Rädern
In dem Turm befinden sich Soldaten. Er wird vorwärts geschoben: So gehen die Römer gut geschützt zum Angriff über!

Das Katapult
Es wurde im 5. Jahrhundert v. Chr. von den Syrern erfunden. Mit ihm schleudert man schwere Steine gegen die Befestigungswälle der Gegner.

Die »Schildkröte« ist eine römische Schlachtformation.

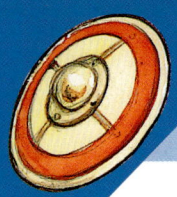

GESCHICHTE
DIE GERMANEN

Um die Zeit von Christi Geburt bewohnen die Germanen das Gebiet zwischen Rhein, Donau und Weichsel. Die verschiedenen Stämme siedeln zwar getrennt voneinander, aber sie haben etwas Gemeinsames: die Sprache. Sie leben in Familienverbänden, den Sippen, zusammen und betreiben Ackerbau und Viehzucht. Der Boden ist in allgemeinem Besitz. Handwerklich sind die Germanen für die Textilherstellung und ihre Schmiedearbeiten berühmt.

Das Gemeinwesen

Die Gemeinschaft besteht aus der wohlhabenderen Oberschicht, der freien Unterschicht und den Unfreien. Die Freien halten regelmäßig eine Volksversammlung (Thing) ab. Dort treffen sie gemeinsam Beschlüsse, die das Zusammenleben betreffen. Der Thing findet im Freien statt, auf Hügeln oder unter heiligen Bäumen. Auch Frauen haben Einfluss in der germanischen Gesellschaft: Antike Schriften berichten von germanischen Priesterinnen und Seherinnen.

Das dörfliche Leben

In den kleinen Gehöften und Dörfern der Germanen leben Tiere und Menschen unter einem Dach. Manchmal trennt nur eine Flechtwand den Stall vom Wohnteil. Dieser dient zugleich als Küche, Schlaf- und Aufenthaltsraum. In der Mitte befindet sich eine Feuerstelle. Fenster gibt es nicht. Die Germanen ernähren sich von Milch, Butter, Käse und dem Fleisch ihrer Haustiere. Auch Gerste, Roggen und Hirse stehen auf dem Speiseplan.

Aussehen

Das wichtigste Kleidungsstück der Germanen ist ein Umhang aus Wolle. Eine Spange, die Fibel, hält ihn zusammen. Männer und Frauen tragen diesen wärmenden Umhang über ihren Kleidern. Die erwachsenen Frauen tragen ein langes, hemdartiges Gewand. Es wird mit einem Gürtel unter der Brust gerafft.

Die Germanen sind furchtlose Kämpfer

Glauben

Die Germanen verehren ihre Götter in Heiligtümern unter freiem Himmel, den heiligen Hainen. Der Name des Gewittergottes Thor findet sich bis heute im Wort Donnerstag. Göttervater ist Odin (Wotan), der Gott des Krieges. Die Germanen glauben, dass in tapferem Kampf gefallenen Kriegern im Jenseits besondere Ehre zuteil wird.

Die Runen

Die Germanen verwenden eine Schrift, die sich aus grafischen Zeichen zusammensetzt: den Runen. Diese Zeichen werden nicht mit Feder oder Pinsel geschrieben, sondern auf Schmuckstücke oder Waffen eingraviert oder in Holz geritzt.

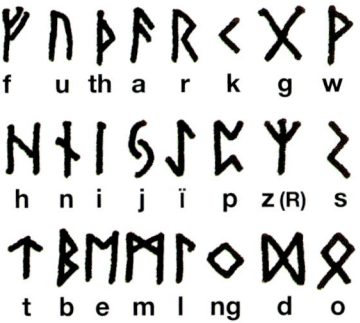

Tapfere Krieger

Krieg ist für die Germanen fast ein Normalzustand. Kämpfe gibt es innerhalb der Stämme, zwischen Sippen, benachbarten Siedlungen und natürlich zwischen den Germanen und den Römern. Wird auf dem Thing ein Krieg beschlossen, müssen alle wehrfähigen freien Männer des Stammes daran teilnehmen. Sie schließen sich einem adligen Gefolgsherren an, dem sie zur Treue verpflichtet sind. Der Anführer versorgt sie dafür und beteiligt sie an der Kriegsbeute. Der Speer ist die typische Waffe des Germanen, Schwerter sind selten. Als Schutzwaffe dient ein runder Holzschild, auf dessen Vorderseite ein eiserner Buckel aufgesetzt ist. Den Schild zu verlieren gilt als große Schande.
Die Streitaxt gehört erst seit dem 5. Jahrhundert zur Ausrüstung.

Die Varusschlacht

Dem Germanenhäuptling Arminius gelingt es 9 n. Chr., die römischen Truppen des Varus im Teutoburger Wald vernichtend zu schlagen – trotz der schlechteren Ausrüstung seiner Männer. Sein Trick: Er wählt den Schlachtort so aus, dass die Römer nicht in ihrer erprobten Formation kämpfen können.

Der Limes

Lange Zeit bildet der von den Römern errichtete Limes die befestigte Grenze zwischen den römischen Provinzen und Germanien. Er besteht aus Wall, Graben und einer hölzernen Palisade und wird durch Wachtürme und Kastelle gesichert.

GESCHICHTE
DIE WIKINGER

Die aus Skandinavien stammenden Wikinger sind ausgezeichnete Seefahrer und verfügen über die besten Schiffe ihrer Zeit. Stets auf der Suche nach neuen Reichtümern plündern sie seit dem 8. Jahrhundert die Klöster und Städte in den Küstengebieten und gelangen auf dem Seeweg bis zum Mittelmeer. Die Wikinger sind aber auch geschickte Kaufleute: Sie gründen neue Städte und bauen ein dichtes Handelsnetz in ganz Europa auf. Auf ihren kühnen Entdeckungsfahrten stoßen sie bis nach Island, Grönland und sogar Nordamerika vor!

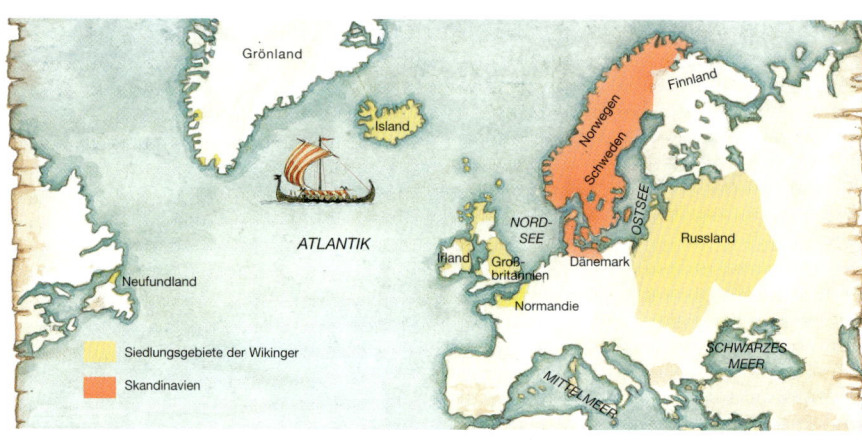

Entdeckungsreisen

Auf dem Seeweg entdecken die Wikinger Grönland (900) und Nordamerika (1000). Sie befahren die großen Ströme Russlands und lassen sich an ihren Ufern nieder. Über die Nordsee gelangen sie nach England und Nordfrankreich und werden dort sesshaft. Die Normandie ist nach ihnen benannt! Mit ihren schnellen Schiffen fahren die Wikinger den Rhein hinauf.

Wer sind die Wikinger?

Die Wikinger leben im heutigen Dänemark, Norwegen und Schweden. Sie sprechen Altnordisch und teilen eine gemeinsame Kultur. Für einen Wikinger steht jedoch seine Familie an oberster Stelle: Ihr fühlt er sich am stärksten verbunden.

Entdeckungsreisen bis nach Amerika

Handelsstädte

Um ihr Handelsnetz weiter auszubauen, unternehmen die Wikinger auf ihren Schiffen weite Entdeckungsfahrten. Sie gründen Handelsstädte in der Ferne wie auch an der heimischen Küste Skandinaviens. In den Häfen herrscht stets reges Leben. Hier werden ohne Unterlass Waren verkauft und gekauft. Anfangs betreiben die Wikinger Tauschhandel. Ab dem Jahr 1000 prägen sie eigene Münzen.

Handelsgüter

Die Knörr, die geräumigen Handelsboote der Wikinger, kehren reich beladen von der Fahrt zurück: mit Weizen, Salz und Wein aus Frankreich, mit Weizen, Zinn und Silber aus England sowie mit Seide und Gewürzen aus Byzanz. Wenn die Schiffe wieder ablegen, haben sie wiederum Felle, Walrosselfenbein, Bernstein, Stoffe und Schmiedewaren an Bord.

Die Waffen

Die Krieger verfügen über eindrucksvolle Waffen. Sie verwenden Langschwerter mit Doppelklinge, Dolche oder Lanzen mit scharf geschliffener Spitze und schwere Äxte. Außerdem tragen die Krieger Schild und Helm, die sie vor den Feinden schützen.

Reise ins Jenseits

Die Wikinger glauben an ein Leben nach dem Tod. Das Boot, das in ihrem täglichen Leben so wichtig ist, hilft ihnen auch, in das Jenseits zu gelangen. Reiche Wikinger werden in einem eigens erbauten Boot bestattet. Es ist mit Waffen, Schmuck, Lebensmitteln und sogar Pferden ausgestattet.

Alltag bei den Wikingern

Die meisten Wikinger bewohnen einsame Bauernhäuser oder kleine Dörfer. Die Häuser schützen vor der Kälte in den strengen Wintern Nordeuropas. Der Ackerbau ist nicht sehr ertragreich in dem kühlen Klima. Dennoch versorgen die Bauern die Bevölkerung mit Getreide (Kleie und Gerste) und Milchprodukten. Auf dem Speiseplan der Wikinger stehen auch getrockneter Fisch sowie Fleisch. Die Wikinger jagen leidenschaftlich gerne Wale, Walrosse und Seehunde, aber auch Bären, Elche oder Rentiere gehören zu ihrer Jagdbeute.

GESCHICHTE
DAS MITTELALTER

Im mittelalterlichen Europa liegt die Macht in den Händen der Lehnsherren. Sie leben auf mächtigen Burgen, die von großen Ländereien umgeben sind. Zahlreiche Untertanen stehen in ihren Diensten. Dafür sorgen die Lehnsherren für Gerechtigkeit und schützen Bauern und Vasallen, wenn Feinde angreifen.

Die Burg
Zwischen dem 9. und 15. Jahrhundert werden in Europa immer mehr Burgen erbaut. Die mächtigen Gebäude schützen vor feindlichen Angriffen, demonstrieren aber auch Macht und Reichtum eines Landesherrn. Zuerst bestehen Burgen nur aus einem Holzturm, dem Bergfried. Er wird auf Felsvorsprüngen oder künstlich geschaffenen Anhöhen errichtet.

Größere Burgen
Später werden Burgen aus Stein gebaut. Die Burgmauer umgibt nun neben dem Bergfried noch weitere Gebäude. Wichtigster Raum der Burg ist der große Empfangssaal des Ritters. Die Wohnräume sind rund um den Burghof angeordnet, wo Burgkapelle, Ställe sowie die Unterkünfte der Wachen zu finden sind.

Der Wachturm: Vom Wachturm aus wird Ausschau gehalten. Die Wache schlägt bei Gefahr sofort Alarm, etwa wenn feindliche Truppen in Sicht kommen.

Die Zinnen: Burgmauer und Türme tragen aufgesetzte Zinnen. Die Wachen können zwischen den Zinnen Feinde erspähen und sind trotzdem vor feindlichen Geschossen geschützt.

Der Wehrgang: Von diesem überdachten Holzgang aus schleudern die Verteidiger Steine oder heißes Pech auf die Angreifer, die versuchen, die Burgmauer zu erklimmen.

Die Schwertleite
Junge Adlige werden in einer feierlichen Zeremonie, der Schwertleite, zum Ritter geschlagen. Der Lehnsherr berührt die Schulter des Anwärters mit dem Schwert und übergibt ihm seine Waffen.

Jagen dürfen nur die Landesherren.

Die Zugbrücke: Sie führt über den Wassergraben in die Burg. Bei einem Angriff ziehen die Verteidiger sie schnell hoch.

Im Turnier wird nach festen Regeln gekämpft.

Krieger zu Pferd heißen im Mittelalter Ritter

Der Bergfried: Er ist der Hauptturm der Burg und gut befestigt. Dringen Feinde in den Burghof ein, ist er der letzte Zufluchtsort.

Die Kapelle: In diesem Gebäude werden Messen abgehalten. Auf jeder Burg gibt es eine Kapelle, denn die Adligen und ihre Vasallen sind sehr gläubig.

Der Burggraben: Er verläuft rund um die Burgmauer und ist meistens mit Wasser gefüllt. So wird den Angreifern das Ersteigen der Burgmauer erschwert.

So leben die Bauern

Die meisten Bauern sind Leibeigene. Sie gehören ihrem Herrn und bebauen sein Land. Außerdem sind sie verpflichtet, auf der Burg mitzuarbeiten und Wache zu halten. Als Ausgleich für diese Frondienste bietet der Burgherr ihnen Schutz, wenn feindliche Truppen angreifen.

Abgaben

Die Leibeigenen müssen an ihren Herrn Abgaben zahlen: den Zehnt. Ursprünglich der zehnte Teil der Ernte, wird er in Form von Geld oder auch Naturalien entrichtet. Auch die freien Bauern müssen Steuern zahlen. Dafür dürfen sie das Backhaus, die Mühle und die Weinpresse der Burg benutzen.

Das Vergnügen der großen Herren

Sind die Ritter nicht im Krieg, trainieren sie auf der Burg Kraft und Geschicklichkeit. Sie gehen auf die Jagd oder stellen auf Turnieren ihren Kampfgeist unter Beweis. Abends laden sie zu üppigen Festessen: Während sie schlemmen, lauschen sie abenteuerlichen Ritter- und Heldengeschichten.

GESCHICHTE
STÄDTE UND KATHEDRALEN

Ab dem 11. Jahrhundert entstehen in Europa immer mehr Kirchen und Kathedralen. Zur selben Zeit gewinnen auch die Städte an Bedeutung. Die Landwirtschaft ist sehr ertragreich, weshalb die Bevölkerung immer weiter wächst. In der Nähe der Burgen lassen sich Bauern und Händler nieder und bieten ihre Waren an. Die Städte wachsen.

Eine Kathedrale entsteht

Im Mittelalter ist Europa tief christlich geprägt. Mit dem Bau einer Kirche oder Kathedrale bezeugen die Menschen ihren Glauben an Gott. Tausende Arbeiter und Handwerker errichten große Kirchen in den Städten. Es bedeutet viel Arbeit, ein so großes Gebäude fertig zu stellen. Das dauert oft viele Jahrzehnte. Alle Bewohner der Stadt engagieren sich und spenden Geld.

Die Bauleute

Steinmetze schlagen Steine zurecht. Bildhauer gestalten Skulpturen, welche die Fassade und das Innere des Bauwerks schmücken. Biblische Figuren führen denjenigen, die nicht lesen können, die Geschehnisse der Bibel vor Augen. Auch Zierelemente sind im Überfluss vorhanden: etwa Wasserspeier, die in Form von Tierköpfen das Regenwasser ableiten. Glaser schaffen bunte Kirchenfenster.

Romanische und gotische Kunst

In den neuen Kirchen ersetzen nun Steinbögen das Gebälk aus Holz. Zunächst bilden sie ein Halbrund: Das ist der romanische Stil. Im 13. Jahrhundert breitet sich die Gotik von Frankreich ausgehend über Europa aus. Gotische Bögen sind oben zugespitzt.

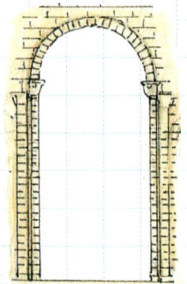

Romanik   Gotik

Die Tore der Kathedrale stehen für alle offen

Quell der Weisheit

Die Kathedralen beherbergen Schulen, in denen Priester, Juristen oder Ärzte ausgebildet werden. In den Klöstern schreiben Mönche wichtige Texte ab, um das Wissen der Zeit zu erhalten und zu verbreiten. Sie schreiben mit Feder und Tinte auf Pergamentpapier. Das Geschriebene wird kunstvoll mit kleinen Bildern verziert.

Die Stadt als Handelsplatz

Mittelalterliche Städte sind von Stadtmauern geschützt. Durch die Stadttore betritt man sie, aber erst kontrollieren die Wachen alle Neuankömmlinge: Die Händler müssen ihre Waren vorzeigen. Dann begeben sie sich zu der belebten Markthalle neben dem Hauptplatz. Die Straßen sind oft eng. Im Erdgeschoss der Wohnhäuser haben Handwerker und Händler kleine Läden eingerichtet. Jede Zunft hat ein eigenes Verkaufsgebiet. So gibt es die Gasse der Gerber, der Bäcker oder der Metzger. Fahrende Händler ziehen von Straße zu Straße.

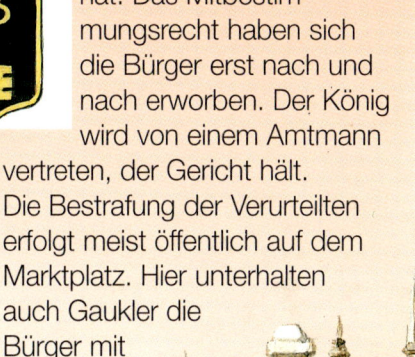

Die Stadtverwaltung

Städtische Angelegenheiten werden im Rathaus geregelt, wo sich die führenden Bürger der Stadt einfinden. Bürger sind die freien Bewohner der Stadt, die sich um die Burg gebildet hat. Das Mitbestimmungsrecht haben sich die Bürger erst nach und nach erworben. Der König wird von einem Amtmann vertreten, der Gericht hält. Die Bestrafung der Verurteilten erfolgt meist öffentlich auf dem Marktplatz. Hier unterhalten auch Gaukler die Bürger mit ihren Darbietungen.

GESCHICHTE
DIE RENAISSANCE

Im 15. Jahrhundert geht Europa mit großen Schritten der Zukunft entgegen. Wirtschaft und Handel blühen auf. In Italien finden Künstler und Schriftsteller neue Wege, ihre Gedanken, die Gesellschaft und die Welt abzubilden. Wissenschaftlern gelingen bahnbrechende Entdeckungen und Erfindungen.

Johannes Gutenberg
Der Mainzer Bürger Johannes Gutenberg erfindet um 1438 den Buchdruck. Er entwickelt bewegliche Drucklettern, die er aus Blei gießt, und druckt die berühmte Gutenberg-Bibel: Eine Revolution im Druckerhandwerk!

Das Druckerhandwerk
Bis ins 15. Jahrhundert werden Bücher mit der Hand abgeschrieben. Die ersten Drucker bearbeiten eine Holzplatte, die mit Tinte bedeckt und auf ein Blatt Papier gepresst wird. Jede Buchseite hat also ihre eigene hölzerne Druckvorlage: Das ist sehr aufwändig! Gutenbergs Erfindung bedeutet eine große Zeitersparnis.

Der Text wird aus beweglichen Buchstaben zusammengesetzt, die mehrmals verwendbar sind. Mit der Druckmaschine können viele Exemplare angefertigt werden.

Die Astronomie

Im 16. Jahrhundert glaubt man, dass die Erde unbeweglich in der Mitte des Universums ruhe und die Sonne um sie kreise. Der Astronom Nikolaus Kopernikus behauptet dagegen, die Erde sei ein Planet wie jeder andere und bewege sich um die Sonne. Niemand schenkt ihm Glauben. Ein Jahrhundert später beweist der Italiener Galilei, dass Kopernikus Recht hatte.

Die Medizin
In der Renaissance studieren Mediziner zum ersten Mal an Leichen das Innere des menschlichen Körpers. Der spanische Arzt Miguel Serveto beschreibt als Erster, wie das Herz funktioniert. 1628 entdeckt der Engländer William Harvey den Blutkreislauf.

Zeitalter der Entdeckungen

Leonardo da Vinci

Leonardo da Vinci ist ein Universalgenie: Er ist ein hervorragender Maler, Bildhauer, Architekt, Wissenschaftler und Erfinder! Er möchte die Welt in ihrer Vielfalt erfassen.

Der Italiener entwirft zahlreiche technische Geräte, darunter sogar schon eine Flugmaschine und einen Tauchapparat.

Der französische Hofarzt Ambroise Paré verbessert die Behandlung von Schusswunden und die Amputationstechnik.

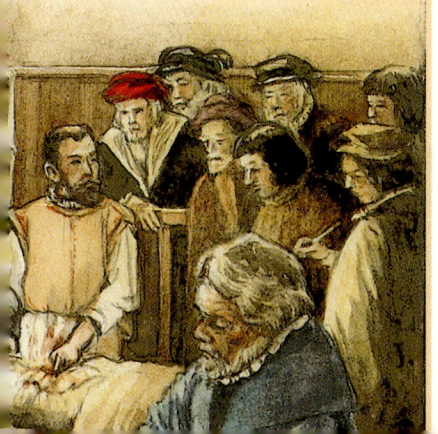

Die Weberei

Im 15. Jahrhundert nutzen die Bauern die Wintermonate, wenn die Feldarbeit ruht, um zusätzliches Geld zu verdienen: Sie spinnen Wollgarn und weben daraus Stoffe. Diese verkaufen sie an Händler in der Stadt. Außerdem lernt man in Europa, Seidenstoffe zu weben, die bisher aus Asien eingeführt wurden.

Die Uhrmacherkunst

Uhren gibt es schon im Mittelalter. Das Nürnberger Ei wird 1509 von Peter Henlein gebaut: Es passt schon in die Hosentasche! Im 17. Jahrhundert erfindet der Niederländer Huygens dann die Pendeluhr: Sie geht genauer als ihre Vorgängerinnen.

Die Baukunst

Anstelle von Burgen bauen die Adligen jetzt weitläufige Anwesen mit großen Fenstern, die den Blick auf prachtvolle Gärten freigeben. Die Zimmer sind mit großen Wandteppichen, reich verzierten Möbeln und Kunstgegenständen ausgestattet. Vorreiter der neuen Wohnkultur ist Italien. Auch in Frankreich und Deutschland entstehen wunderschöne Schlösser. Berühmt ist Schloss Chambord, das Franz I. im französischen Loire-Tal bauen lässt. Leonardo da Vinci wirkt als Architekt und Künstler an dem Bau mit.

GESCHICHTE
ENTDECKUNGSREISEN

Im ausgehenden Mittelalter kennt man von der Welt eigentlich nur den Mittelmeerraum. Orientalische Händler, die Gold, Gewürze und Seide nach Europa bringen, berichten von fernen Ländern wie Afrika oder Asien. Neugier und vor allem die Suche nach immer neuen Reichtümern lassen die europäischen Entdecker in See stechen.

Kurs auf Indien

Die Portugiesen umsegeln auf der Suche nach neuen Schätzen als Erste den afrikanischen Kontinent. Sie sind sehr mutig, denn damals glaubt man noch, dass sich am Äquator das Ende der Welt befindet! 1471 überqueren sie diese Linie und beweisen, dass dem nicht so ist. 1498 erreicht dann Vasco da Gama die indische Küste: Er ist mit einer Karavelle unterwegs, einem wendigen und schnellen Segelschiff.

Die Reisen des Kolumbus

Der Genueser Christoph Kolumbus sticht am 3. August 1492 mit drei Karavellen und 87 Mann in Spanien in See.

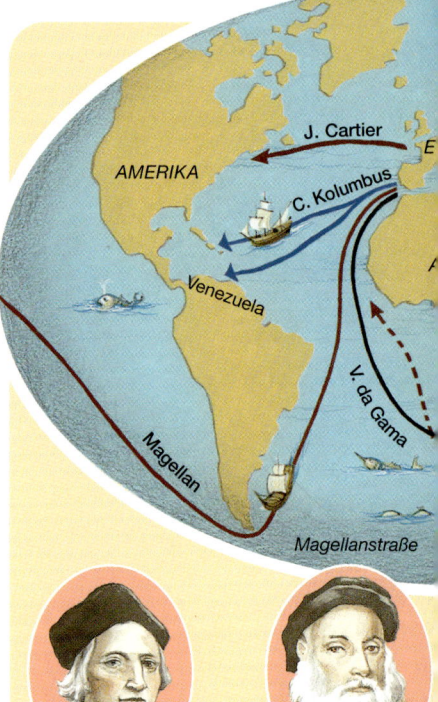

C. Kolumbus   Vasco da Gama

Er will einen kürzeren Seeweg nach Asien entdecken, denn der Landweg nach Osten über Indien ist weit. Fünf Wochen später legt er an einer

Das Astrolabium

Mit diesem Gerät bestimmen die Seefahrer ihre Position nach den Sternen. Diese Erfindung kommt wie der Kompass über arabische Händler nach Europa. Auch die Griechen kannten ein solches Gerät. Es geriet aber wieder in Vergessenheit.

Auf dem Weg nach Indien Amerika entdecken

Ein vierter Kontinent

In den Jahren 1499 bis 1502 beweist der Italiener Amerigo Vespucci, dass die entdeckten Länder zu einem noch unbekannten Kontinent gehören. Dieser wird ihm zu Ehren Amerika genannt. Spanier und Portugiesen machen sich die neuen Länder untertan und erobern Südamerika. Im 17. Jahrhundert gründet England Kolonien in Nordamerika.

Insel der Bahamas, später in Kuba an. Dort stößt Kolumbus auf Einwohner mit dunkelbrauner Haut, die er „Indianer" nennt.

Die Kolonialisation

Aus Amerika gelangen neue Pflanzen wie Kakao und Mais nach Europa. In den Minen müssen die Indios Gold und Silber abbauen. Auf den Antillen werden sie auf Zuckerrohrplantagen ausgebeutet, ehe Sklaven aus Afrika sie ersetzen.

Die Erde ist eine Kugel!

Im Mittelalter glaubt man, die Erde sei flach wie eine Scheibe. Die Entdeckungsreisen stellen dieses Weltbild in Frage. Der portugiesische Seefahrer Magellan beweist, dass die Erde eine Kugel und keine Scheibe ist.

Magellan entdeckt 1520 im äußersten Süden des amerikanischen Kontinents eine Meeresstraße im Pazifik. Es gelingt ihm, durch die Meerenge zu segeln und dann den Pazifik zu überqueren. Zwar wird er auf den Philippinen getötet, aber nach drei Jahren Weltumsegelung kehren 18 seiner ursprünglich 260 Männer nach Spanien zurück. Damit ist bewiesen, dass die Erde eine Kugel ist!

GESCHICHTE
LUDWIG XIV.

Im 17. Jahrhundert werden die großen Länder Europas von Herrschern mit uneingeschränkten Machtbefugnissen regiert: Der König ist absoluter Herrscher. Bauern und Adlige sind ihnen gleichermaßen untertan. Der französische König Ludwig XIV. herrscht über eines der blühendsten Länder Europas. Er möchte die Macht Frankreichs auf ganz Europa ausbreiten und führt zahlreiche Kriege gegen seine Nachbarn.

Der Sonnenkönig
Als 1643 sein Vater stirbt, ist Ludwig XIV. erst fünf Jahre alt. Deshalb regiert zunächst seine Mutter zusammen mit Kardinal Mazarin. 1661 wird Ludwig XIV. König. Mit dem Ausspruch »Der Staat bin ich!« bekräftigt er seinen absoluten Machtanspruch. Er glaubt, dieser sei ihm von Gott verliehen. Zum Zeichen seiner Größe wählt er die Sonne als Symbol.

Der Handel
Frankreich will auch im Bereich des Handels die Vormachtstellung in Europa erreichen. Ludwig XIV. vertraut seinem Minister Colbert die Lenkung der Wirtschaft an. Dieser lässt Straßen, Kanäle und große Handwerksbetriebe (Manufakturen) bauen und fördert den Seehandel. Da zu dieser Zeit Engländer und Niederländer die unumstrittenen Herrscher der Meere sind, baut Frankreich eine große Kriegsflotte, um seine Handelsschiffe schützen zu können.

Das Militär
Zur selben Zeit baut der Kriegsminister in Frankreich das damals mächtigste stehende Heer. Der Architekt Vauban befestigt rund 300 französische Grenzstädte mit modernen Verteidigungsanlagen.

Im Kampf gegen die Welt
1667 führt Ludwig XIV. seinen ersten Krieg und kämpft gegen Spanien. Auch im Norden dehnt Frankreich sich aus. In der Folgezeit befindet sich das Land nahezu ohne Unterbrechung im Kriegszustand. Seine mächtigsten Gegner sind die Habsburger in Österreich und Spanien, aber vor allem England und

Die Macht des Sonnenkönigs

die Niederlande, die von William III. regiert werden. Nach 1689 erleidet Ludwig XIV. mehrere Rückschläge. 1713 muss er sich ergeben: Das Machtgleichgewicht in Europa ist nun wieder hergestellt. Mehr als 50 Jahre hat der Sonnenkönig regiert, als er 1715 stirbt. Frankreich steht am Rande des Ruins.

Das Leben am Hof

Während die Bauern Hunger leiden, werden die Bürger in den Städten immer reicher und die Adligen leben an den Höfen im Überfluss. Der Hof Ludwigs XIV. ist der prunkvollste in ganz Europa. 1682 lässt er in Versailles ein neues Schloss bauen.

Die europäischen Herrscher nehmen sich das herrliche Versailler Schloss des Sonnenkönigs zum Vorbild. In einem 75 m langen, völlig mit Spiegeln ausgekleideten Saal empfängt der König ausländische Botschafter. In anderen Sälen werden Feste, Konzerte und Theatervorführungen veranstaltet: Besonders gefallen die Stücke von Molière und Racine. Der Sonnenkönig liebt auch die Musik und fördert den Komponisten Lully, der für den Herrscher grandiose Barockopern komponiert. Schriftsteller wie La Fontaine und Madame de Sévigné tragen zum Ruhm der französischen Literatur bei. Ludwig XIV. unterstützt zahlreiche Dichter, die das Leben an seinem Hof beschreiben.

Herrscher Europas

1688–1689 findet in England die „glorreiche Revolution" statt: Der neue König William III. gesteht dem Parlament wichtige Mitbestimmungsrechte zu. Doch England bleibt eine Ausnahme in Europa. In den anderen Ländern regieren weiterhin Alleinherrscher.

Peter der Große

Er ist von 1682 bis 1725 russischer Zar (Kaiser) und lässt eine neue Hauptstadt bauen: Sankt Petersburg. Peter der Große will sein Land europäisieren und reformiert Wirtschaft und Verwaltung.

Friedrich II.

Unter König Friedrich II., der von 1740 bis 1786 regiert, wird Preußen ein mächtiger Gegner Österreichs. Der König ist ein aufgeklärter Monarch: Er mildert das Strafrecht ab und fördert die Bildung der Untertanen.

GESCHICHTE
VON DER REVOLUTION ZUM KAISERREICH

Im 18. Jahrhundert spielt der Freiheitsgedanke eine wichtige Rolle. Die Amerikaner setzen ihn als Erste in die Tat um: 1776 erklären die Kolonien ihre Unabhängigkeit vom englischen Mutterland und rufen die Republik aus. Dies bestärkt das Freiheitsbestreben der Franzosen: 1789 bricht die Französische Revolution aus. Die demokratische Bewegung löst Unruhe in den benachbarten europäischen Königshäusern aus. Kriege sind die Folge. Sie dauern selbst dann noch an, als Napoleon die Macht ergreift und sich zum französischen Kaiser krönen lässt.

Der Sturm auf die Bastille

1789 ist es um die wirtschaftliche Situation Frankreichs schlecht bestellt. Das Volk stellt die Autorität des Königs in Frage. Ludwig XVI. ruft in Versailles Vertreter der Kirche, des Adels und des dritten Standes (Bürger und Bauern) zusammen, lehnt aber jede Reform ab. Die Vertreter des dritten Standes beschließen daraufhin, Frankreich eine neue Verfassung und eine neue Regierung zu geben.
Am 14. Juli stürmen Volksmassen das Pariser Gefängnis Bastille – Symbol für die absolute Macht des Königs über seine Untertanen.

Verkündung der Menschen- und Bürgerrechte

Am 26. August 1789 verlesen die Abgeordneten als Vertreter des französischen Volkes in der Nationalversammlung die Menschen- und Bürgerrechte. Der erste Artikel besagt, dass alle Menschen in Freiheit und mit denselben Rechten geboren werden.

Das Ende der absoluten Monarchie

Im August erklärt die Nationalversammlung die Gleichheit aller Menschen vor dem Gesetz. Die Macht liegt nun nicht mehr beim König, sondern in den Händen des Volkes: Die Franzosen sind jetzt Staatsbürger. Der König regiert zusammen mit den Volksvertretern. Der Absolutismus ist damit in Frankreich beendet. Die europäischen Königshäuser drohen einzugreifen. 1792 bricht ein Krieg zwischen Frankreich und dem mit Preußen verbündeten Österreich aus. England, die Niederlande, Spanien und Russland greifen ebenfalls ein.

Wie der König stirbt

Ludwig XVI. wird wegen Landesverrats angeklagt: Er hat ausländische Truppen zu Hilfe gerufen. Man verhaftet den König mit seiner Familie, setzt ihn ab und ruft die Republik aus. In einem Schauprozess wird er zum Tode verurteilt und am 21. Januar 1793 mit der Guillotine hingerichtet.

Europa auf dem Weg zu neuen Ufern

Napoleon

Napoleon Bonaparte erringt als Artillerieoffizier der Revolutionstruppen große Verdienste und steigt zum General auf. Seine militärischen Erfolge bringen ihm viele Sympathien ein und erleichtern ihm die Machtübernahme. 1799 kehrt Napoleon nach Frankreich zurück und übernimmt im Staatsstreich die Macht: Er wird Erster Konsul. 1804 lässt er sich zum Kaiser krönen. Er sorgt für Sicherheit und Frieden in Frankreich und gründet die ersten öffentlichen Schulen. Er legt Rechtsgrundsätze der Revolution in Gesetzen fest, die für alle gelten.

Frühlingserwachen

Das revolutionäre Gedankengut wirkt jedoch weiter: Im Februar 1848 stürzen die Franzosen ihren König und rufen die Zweite Republik aus. Die Revolution breitet sich auf viele Länder aus. Die Völker in den Reichsgebieten von Preußen und Österreich-

Ungarn lehnen die 1815 neu festgelegten Grenzen ab. Sie möchten selbst über ihr Schicksal bestimmen. In den deutschsprachigen Gebieten rührt sich der Wunsch nach einer nationalen Einheit. Doch diese Bestrebungen scheitern vorerst. Erst 1871 entsteht das deutsche Reich. Kaiser wird der preußische König Wilhelm I., der unter dem Einfluss des Reichskanzlers Otto von Bismarck steht.

Die napoleonischen Kriege

Mithilfe der napoleonischen Armee dehnt das französische Kaiserreich seine Herrschaft über fast ganz Europa aus. In den eroberten Ländern beendet Napoleon Feudalsystem und Leibeigenschaft. Die Verwaltung wird neu organisiert und die französischen Gesetze werden durchgesetzt. Doch die Völker lehnen sich gegen die Fremdherrschaft auf. Ab 1812 können die Verbündeten England, Preußen, Russland und Österreich erste Erfolge im Kampf gegen die französischen Truppen verzeichnen. In der Schlacht von Waterloo in Belgien erleidet Napoleon seine endgültige Niederlage. 1815 ordnen die Sieger in Wien Europa neu.

GESCHICHTE
DIE INDUSTRIELLE REVOLUTION

Zu Beginn des 19. Jahrhunderts leben die Menschen in Europa hauptsächlich von der Landwirtschaft. Die Bauern siedeln in ihren Dörfern und haben keinen Kontakt mit anderen Ländern oder weiter entfernten Städten. Von der Welt wissen sie wenig. Mit der Erfindung der Dampfmaschine setzt eine neue Ära ein. Die Industrielle Revolution ändert die Lebenswelt der Menschen. Große Fabriken und Eisenbahnlinien werden erbaut. Viele Bauern wandern als Arbeiter in die Städte ab.

James Watt

Kochendes Wasser erzeugt Dampf. Der schottische Ingenieur James Watt entwickelt um 1769 die erste Dampfmaschine: Sie kann einen mehrere Tonnen schweren Kolbenmotor antreiben. Maschinen ermöglichen es, die Arbeit zu mechanisieren. Nun braucht man viel weniger Arbeitskräfte und kann Produkte schneller und in größerem Umfang herstellen.

Kraft durch Wasserdampf

Dampfmaschinen ersetzen Menschen oder Tiere als Arbeitskräfte. Im englischen Bergbau ziehen Pferde Kohlewagen auf einer Art Schiene vorwärts. Doch die echten Eisenbahnschienen entstehen erst 1817, als die Dampflokomotive erfunden wird. Die Lokomotive Rocket von Stephenson kann schwere Waggons ziehen. Die erste Eisenbahn für den Personenverkehr nimmt 1830 in England ihren Dienst auf. Mit der Eisenbahn werden Handel und Reisetätigkeit gefördert. In Nordamerika kann der Westen des Kontinents leichter erschlossen werden. Nahe an den Eisenbahnlinien entstehen auch Fabriken. Auf dem Wasser ersetzen Dampfer die großen Segelschiffe für den Warentransport. Die neuen Schiffe werden zunächst aus Eisen, dann aus Stahl gebaut und überqueren den Atlantik in nur 10 Tagen. Die Segelschiffe hatten 30 Tage für diese Strecke gebraucht!

Auch das erste Flugzeug (1890) wird mit Dampf betrieben. Auf dem Land kommen nun dampfbetriebene Mäh- und Dreschmaschinen zum Einsatz und ersetzen zahlreiche Arbeitskräfte. Viele Feldarbeiter wandern in die Fabriken ab.

Das technische Zeitalter

Die Textilindustrie
Gegen Ende des 18. Jahrhunderts wird ein mechanischer Webstuhl erfunden, der mit Wasserkraft angetrieben wird. Die Stoffproduktion steigt. Die Qualität der Waren verbessert sich. Die neuen Maschinen müssen nah an ihrer Energiequelle, den Flüssen, aufgestellt werden. Große Fabriken ersetzen die kleinen, über das Land verteilten Handwerksbetriebe. Bisher arbeiteten die Weber in Heimarbeit als selbstständige Unternehmer. Sie nutzten die Wintermonate, wenn es auf den Feldern nichts zu tun gab. Nun suchen sie dauerhafte Arbeit in den Fabriken. Weben ist anstrengend und schlecht bezahlt. Der Lohn vieler Arbeitsstunden reicht gerade zum Überleben. Auch Kinder werden beschäftigt. Das Spinnen des Garns wird weiterhin in Heimarbeit betrieben.

Die Gründerzeit in Berlin
In Berlin entstehen viele neue Fabriken. Ein dichtes Eisenbahnnetz wird ausgebaut. Als Berlin 1871 Reichshauptstadt wird, beginnt eine wirtschaftliche Blütezeit. Bald schon zählt die Stadt mehr als 1 Million Einwohner. Es entstehen prachtvolle großbürgerliche Wohnhäuser und der Kurfürstendamm wird ausgebaut.

Von der Kohle zum Stahl
Immer mehr Bergwerke entstehen. Mit Kohle wird Wasser erhitzt, um Dampf zu erzeugen. Briketts beheizen Hochöfen, in denen Eisen und Stahl für Maschinen oder Schienen geschmolzen werden. Wegen des steigenden Bedarfs an Kohle müssen immer tiefer in der Erde neue Vorkommen erschlossen werden. Die Arbeit in den Bergwerken ist anstrengend und gefährlich. Auch Kinder arbeiten hier, weil sie klein genug für die engen Stollen sind. Die Arbeiter leben in der Nähe der Mine in Siedlungen, die dem Bergwerkbesitzer gehören. Im Ruhrgebiet, im Saarland und in Schlesien entstehen große Industriegebiete.

Weltausstellungen
- 1851 findet in London (4 Millionen Einwohner) die erste Weltausstellung statt. Im Kristallpalast, einer riesigen Halle aus Stahl und Glas, bestaunen die Besucher die neu konstruierten Maschinen.
- 1882 wird auf der Weltausstellung in Berlin der erste Elektromotor vorgeführt.
- Der Eiffelturm ist Blickfang der Weltausstellung von 1889 in Paris. Die Ausstellung von 1900 steht ganz im Zeichen der Elektrizität.

GESCHICHTE
DER ERSTE WELTKRIEG

Vier Jahre lang kämpfen Frankreich, Russland und Großbritannien gegen Deutschland und Österreich-Ungarn. Zusammen mit ihren Verbündeten sind insgesamt 32 Nationen auf dem ganzen Erdball in die Kämpfe verwickelt. Zehn Millionen Menschen sterben dabei und 20 Millionen werden verletzt. Nach Ende des Krieges hoffen alle, dass sich so ein schreckliches Ereignis nie mehr wiederholt.

Großmächte als Rivalen

Das Attentat von Sarajevo lässt eine explosive Stimmung in einen Krieg umschlagen. Die Großmächte Deutschland, Frankreich und Großbritannien rivalisieren um die Bodenschätze in Afrika und Asien. Sie erobern große Gebiete auf diesen Kontinenten und kolonialisieren sie. Zugleich rüsten sie immer mehr auf. Jedes Land glaubt sich im Recht. Es herrscht eine nationalistische Stimmung. Die Bewohner sind bereit, für ihre jeweilige Heimat zu sterben – auch die Bevölkerung der Balkanstaaten, die sich von den österreichisch-ungarischen und osmanischen (türkischen) Herrschern lossagen möchte.

Neue Waffen

Die Industrielle Revolution und ihre technischen Neuerungen beeinflussen auch das Kriegswesen. Die chemische Industrie stellt Giftgase her, die zum ersten Mal 1915 von den Deutschen in Belgien eingesetzt werden. Ein Jahr später beziehen die Engländer in Frankreich mit den ersten Panzern Stellung. Bodentruppen kämpfen mit Maschinengewehren, Flammenwerfern und Granaten. Flugzeuge werfen Bomben auf feindliche Stellungen. Zu Wasser beschießen deutsche U-Boote Versorgungsschiffe. Daraufhin treten 1917 die USA in den Krieg ein.

Das Attentat von Sarajevo

Am 28. Juni 1914 wird der österreichische Thronfolger Franz Ferdinand in Sarajevo auf dem Balkan von einem serbischen Nationalisten ermordet. Österreich-Ungarn erklärt Serbien den Krieg. Russland und Frankreich, die Verbündeten Serbiens, sowie Deutschland, mit Österreich-Ungarn verbündet, greifen ein.

1914 – 1918

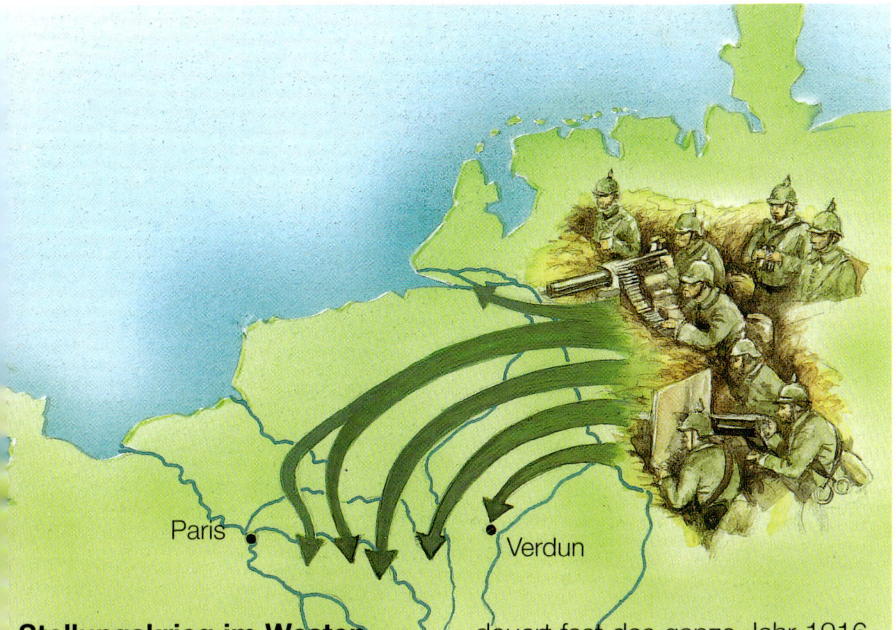

Stellungskrieg im Westen

Im September 1914 wird der Vormarsch der deutschen Armee von französischen und britischen Truppen am Fluss Marne gestoppt. Nach der Schlacht an der Marne ändern sich die Stellungen der feindlichen Armeen drei Jahre lang kaum: Der Bewegungskrieg wird zum verlustreichen Stellungskrieg. Die Soldaten verschanzen sich in tiefen Schützengräben. Dort harren sie Tag und Nacht in Kälte und Schmutz unter Granatenhagel aus. Die Schlacht von Verdun dauert fast das ganze Jahr 1916 und fordert die meisten Opfer. 1917 meutern die ersten Soldaten: Sie wollen nicht mehr kämpfen.

Die Ostfront

Auch im Osten erstarren die Kämpfe Ende 1915 immer mehr zum Stellungskrieg. Trotz erheblicher Verluste an Soldaten gibt es keine kriegsentscheidende Schlacht. Nach dem Ausbruch der Russischen Revolution kommt es Ende 1917 zum Waffenstillstand. Doch auf dem Balkan geht der Kampf der Großmächte weiter.

Zu Hause

Die ganze Bevölkerung setzt sich für den Sieg ein. Die Frauen arbeiten an Stelle der eingezogenen Männer auf den Feldern und in den Fabriken. Als sie bei Kriegsende wieder an den Herd zurückgeschickt werden, verlangen sie mehr Rechte. 1918 erhalten die Frauen in Deutschland das Wahlrecht.

Ein Friede von Dauer?

Das Eingreifen der USA entscheidet den Krieg. Am 11. November 1918 unterzeichnet Deutschland den Waffenstillstand, im Juni 1919 den Versailler Friedensvertrag. Darin erkennt Deutschland als Verlierer seine Kriegsschuld an. Die Verträge ordnen die Landkarte Europas neu, doch viele Länder sind nicht zufrieden.

GESCHICHTE
DER ZWEITE WELTKRIEG

Im Zweiten Weltkrieg kämpfen die Achsenmächte Deutschland, Italien und Japan gegen die Alliierten: Frankreich, Großbritannien, die UdSSR und die Vereinigten Staaten. Nur wenige Länder sind nicht in die Schlachten verwickelt. Auch Zivilisten werden nicht verschont: Sie stellen die Hälfte der 55 Millionen Toten. Im Zweiten Weltkrieg stehen Freiheit und Gleichheit aller Menschen gegen Diktatur und Rassismus.

Nazi-Deutschland

Der Versailler Vertrag macht Deutschland für den Ausbruch des Ersten Weltkriegs verantwortlich. Es muss hohe Entschädigungssummen zahlen und Gebiete an andere Länder abtreten. Hinzu kommen die Auswirkungen der Weltwirtschaftskrise. Die Nazis nützen die angespannte Stimmung im Land für ihren Aufstieg.

Hitler an der Macht

1933 wird Adolf Hitler zum Reichskanzler ernannt. Mithilfe der militärähnlichen Organisation SS und der Gestapo, der geheimen Staatspolizei, errichtet er eine Diktatur. Jeder Widerstand wird sofort niedergeschlagen. Hitler verbreitet die Botschaft von der Überlegenheit der so genannten „arischen Rasse".

Kriegsausbruch

Deutschland greift nach seinen Nachbarn und löst so den Krieg aus: 1938 wird zunächst Österreich an das Deutsche Reich angeschlossen und die Tschechoslowakei zerschlagen. Am 1. September 1939 greift Deutschland Polen an. Frankreich und Großbritannien erklären Deutschland den Krieg.

Blitzkrieg

Im Frühjahr 1940 marschieren deutsche Panzereinheiten in Dänemark, Norwegen, den Niederlanden, in Nordfrankreich, Belgien, Luxemburg, Jugoslawien und Griechenland ein. Innerhalb weniger Wochen werden die Länder nacheinander erobert.

Die Besatzung

Deutschland hält einen großen Teil Europas besetzt, plündert die Kultur- und Bodenschätze und verpflichtet die Bevölkerung zu Zwangsarbeit. Die Menschen leben in großer Angst vor Bombenangriffen. Es gibt nichts mehr zu kaufen: Lebensmittel, Kleidung und Seife werden rationiert und den Leuten nur in kleinen Mengen zugeteilt.

1939 – 1945

Widerstand

Am 20. Juli 1944 scheitert ein Attentat deutscher Offiziere auf Hitler. Überall in Europa finden sich Gruppen zusammen, die gegen Nazi-Deutschland arbeiten: Sie lassen Züge entgleisen, verstecken Juden und übermitteln geheime Botschaften.

Völkermord

Die Nationalsozialisten glauben nicht, dass alle Menschen gleichwertig sind. Sechs Millionen Juden und 500 000 Sinti und Roma müssen sterben: Nach 1933 werden diese Volksgruppen verfolgt und mit Homosexuellen, Kommunisten und anderen politischen Gegnern in Konzentrationslagern gefangen gehalten. 1942 beschließt Hitler, alle Juden nach Osten zu bringen: Dort werden sie in Gaskammern getötet oder sterben ausgebeutet an Krankheit und Erschöpfung.

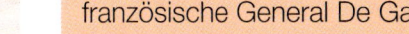

Invasion der Alliierten

1941 hat der Krieg die ganze Welt erfasst. 1942 gelingt es den Russen, deutsche Truppen im Osten zurückzudrängen. Am 6. Juni 1944 landen alliierte Streitkräfte an der nordfranzösischen Küste und befreien von dort aus Westeuropa.

Der Weg zum Frieden

Am 25. August 1944 zieht der französische General De Gaulle in Paris ein. An allen Fronten ist Deutschland geschlagen. Es wird Tag und Nacht bombardiert. Am 30. April 1945 begeht Hitler in Berlin Selbstmord. Deutschland kapituliert am 8. Mai 1945. Am 6. und 8. August werfen die Amerikaner Atombomben über Hiroshima und Nagasaki ab: Japan kapituliert am 2. September 1945. Der Krieg ist zu Ende!

Nach dem Krieg

Churchill, Roosevelt und Stalin, die Staatschefs von Großbritannien, den USA und der Sowjetunion, treffen sich im Februar 1945 in Jalta auf der Halbinsel Krim, um über die Zukunft Europas zu beraten. Schon bald entzweien sich die Siegermächte: Demokratie steht gegen kommunistische Diktatur. Das ist der Beginn des Ost-West-Konflikts.

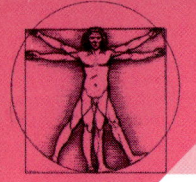

DER MENSCH IM ALLTAG
ERFINDUNGEN

Die Menschheitsgeschichte ist eine Geschichte beständigen Fortschritts. Seit die ersten Steine zu Werkzeugen verarbeitet wurden, haben die Menschen immer neue Dinge erfunden. Aufmerksam betrachteten sie die Welt um sich herum und fanden Mittel und Wege, das Leben angenehmer zu gestalten, sich bequemer fortzubewegen und sich über weite Entfernungen zu verständigen. Oft haben an einer Neuerung mehrere Erfinder gearbeitet und sie immer weiter verbessert.

FRÜHGESCHICHTE

Feuer

Feuer spendet Licht und Wärme. Außerdem können die Menschen damit ihre Nahrung kochen.

Nadel

Ein spitzes Knöchelchen mit Loch dient als Nadel, Tiersehnen als Faden: So macht man aus Fellen wärmende Kleider.

Töpferei

Aus Ton werden Gefäße geformt. Darin werden Vorräte gelagert und transportiert.

Pflug

Die Pflugschar zieht tiefe und gerade Furchen in die Erde. Nun kann die Aussaat beginnen. Später gräbt man die Erde um.

Glas

Aus einer Mischung verschiedener Rohstoffe (z. B. Quarzsand) kann man Glas herstellen.

Sonnenuhr

Der Stab der Sonnenuhr wirft einen Schatten und gibt so die Zeit an. Sie funktioniert nur an sonnigen Plätzen!

RENAISSANCE

Uhr

Die Zeiger drehen sich dank des Zusammenspiels von Zahnrädern, Gewichten und Pendel.

Brille

Man entdeckt die Vergrößerungswirkung von Glas neu. Sehfehler können so ausgeglichen werden.

Drucklettern

Johannes Gutenberg entwickelt eine Drucktechnik mit beweglichen Buchstabenstempeln. Texte können beliebig oft vervielfältigt werden.

Mikroskop

Durch zwei übereinander geschobene Glaslinsen können Forscher winzige Gegenstände genau erkennen.

17. BIS 20. JAHRHUNDERT

Fernglas

Dank der Erfindung des Italieners Galileo Galilei macht die Erforschung des Weltraums große Fortschritt

Telefon (1876)

Dank der Erfindung des Amerikaners Bell kann man über weite Entfernungen miteinander sprechen.

Impfstoff (1885)

Der Franzose Louis Pasteur entwickelt Impfstoffe, die vor ansteckenden Krankheiten schützen.

Flugzeug (1890)

Clément Ader entwickelt das erste Holzflugzeug. Otto Lilienthal führt 1891 den ersten Gleitflug durch.

Röntgenapparat (1895)

Wilhelm Röntgen entdeckt ein Verfahren, mit dem man den menschlichen Körper durchleuchten kann.

Die Brüder Lumière bringen bewegte Bilder auf die Leinwand. Das ist die Geburtsstunde des Kinos!

Erfindungen bedeuten Fortschritt!

ANTIKE

Webstuhl
Die Menschen fertigen auf dem Webstuhl Kleidung an. Das Garn spinnen sie aus Schafswolle und aus Leinen.

Segelschiff
Die Ägypter nutzen als Erste den Wind für die Schifffahrt. Segel ersetzen jetzt auf den Schiffen die Ruder.

Rad
Seit der Erfindung des Rades kann man schwere Lasten viel einfacher über weite Strecken transportieren.

Schrift

Die Menschen erfinden die Schrift, um ihr Wissen an nachfolgende Generationen weitergeben zu können.

MITTELALTER

Geld

Die ersten Geldstücke sind aus Gold und Silber. Jede Stadt prägt ihre eigenen Münzen.

Kerze

Wachs- oder Talgkerzen ersetzen die Öllampen, die bisher für die Beleuchtung verwendet wurden.

Kompass

Der Kompass ist eine chinesische Erfindung. Die Kompassnadel zeigt immer nach Norden.

Spinnrad

Ehe die Wolle gewoben wird, spannen die Frauen sie auf ein Spinnrad und ziehen sie zu einem Faden.

Heißluftballon (1783)

Heiße Luft lässt den Ballon aufsteigen. Die Menschen können nun fliegen: Das ist ein alter Menschheitstraum!

Auto (1771)

Das erste Auto des französischen Ingenieurs Joseph Cugnot wird mit einem Dampfmotor betrieben.

Fahrrad (1817)

Das erste Fahrrad hat noch keine Pedale und keine Kette, um die Holzräder zum Laufen zu bringen. Der Fahrer läuft mit!

Glühbirne

Die Erfindung des Amerikaners Edison löst die Gas- und Öllaterne ab. Die Haushalte werden nun elektrisch beleuchtet!

Radio (1910)

Ein großer Apparat übermittelt Töne über weite Entfernungen hinweg. Mit ihm sendet man Musik und Nachrichten.

Fernsehen (1925)

Das Fernsehen bringt bewegte Bilder in jeden Haushalt. Am Anfang gibt es nur einen einzigen Kanal.

Computer (1943)

Der erste Computer ist eine riesige Rechenmaschine. Computer können große Datenmengen speichern und verarbeiten.

Satellit (1957)

Satelliten kreisen um unseren Planeten. Sie übermitteln Nachrichten in alle Länder der Erde.

DER MENSCH IM ALLTAG
ARBEIT UND DEMOKRATIE

Im 20. Jahrhundert schreiten Technik und Wissenschaft immer weiter voran. Die Arbeitsbereiche verändern sich und es entstehen neue Berufe. Doch nicht nur die Wirtschaft, auch die Gesellschaft entwickelt sich weiter. Zahlreiche Frauen nehmen eine Arbeit auf und kämpfen um die Gleichberechtigung.

Fließbandarbeit

Um Waren schneller und billiger herzustellen, führen Fabriken in den 1920er-Jahren die Fließbandarbeit ein. Jeder Arbeiter hat nur einen Handgriff auszuführen: Er montiert zum Beispiel nur den Kotflügel eines Autos.

Von den Fabriken...

Alte Industriezweige wie die Textilverarbeitung werden durch neue Industrien wie die Automobilherstellung überrundet. Immer modernere Maschinen erlauben es, Güter in großen Mengen und gleichbleibender Qualität zu produzieren. Die Werkmeister wachen darüber, dass die Arbeiter gewissenhaft vorgehen. Diese führen den ganzen Tag über monotone Handgriffe aus, die in einer vorgeschriebenen Zeit vollzogen sein müssen. Seit den 1960er-Jahren unterstützen Roboter die Menschen bei der Fließbandarbeit oder lösen sie ab.

... zu den Büros

Die Dienstleistungen entwickeln sich. In den Büros entwerfen Ingenieure Produkte. Spezialisten organisieren den Arbeitslauf und die Vermarktung. Immer mehr Personal ist nötig, um die Post, die Bestellungen und Rechnungen zu bearbeiten. Diese Aufgaben werden vor allem von Frauen übernommen.

Schulbildung für alle

Seit dem 18. Jahrhundert gibt es in Deutschland die allgemeine Schulpflicht für alle Kinder ab 6 Jahren. Im 20. Jahrhundert bilden Gymnasien, Fachhochschulen und Universitäten immer mehr junge Menschen aus. Mädchen und Jungen stehen dieselben Bildungsmöglichkeiten zur Verfügung.

Gleiches Recht für alle!

Landwirtschaft

Auf den Feldern werden immer mehr Maschinen eingesezt, mit denen die Bauern große Ackerflächen bearbeiten und ihre Erträge steigern können. Doch im Laufe des 20. Jahrhunderts geht die Zahl der Bauern immer weiter zurück. Nur große Betriebe können wirtschaftlich überleben.

Wahlrecht für Frauen

Die Frauen dürfen studieren und sich ihren Beruf selbst aussuchen. Außerdem haben sie nun das Recht, zu wählen und sich für Wahlen aufstellen zu lassen. Deutsche, amerikanische und englische Frauen dürfen nach Ende des Ersten Weltkriegs zur Wahl gehen. Die Gleichberechtigung mit den Männern haben sie erst nach langen Auseinandersetzungen erhalten.

Bezahlter Urlaub

Arbeiter und Angestellte erhalten bezahlten Urlaub. Sie nutzen ihn zur Erholung und fahren beispielsweise in die Berge oder ans Meer. Seit 1963 ist in Deutschland der bezahlte Urlaub für alle Arbeitnehmer gesetzlich geregelt. Seit 1995 beträgt der gesetzliche Mindesturlaub 24 Tage im Jahr.

Die Gewerkschaften

Die Gewerkschaften vertreten die Interessen der Arbeitnehmer. Mit Streiks und Demonstrationen treten sie für kürzere Arbeitszeiten, höhere Löhne oder Renten sowie bessere Arbeitsbedingungen ein. Das Gesetz garantiert ihnen außerdem Mitspracherecht in den Betrieben.

Informationsflut

Mit Erfindung der Druckwalzen kommen immer mehr Zeitungen auf den Markt. Das Papier läuft durch die Rotationsmaschine und wird auf beiden Seiten bedruckt. Zu Beginn des 20. Jahrhunderts werden zwischen die Texte Fotos eingefügt. Man unterscheidet zwischen Tages- und Wochenzeitungen.

In den 1930er-Jahren hält das Radio Einzug in die Haushalte. Die ganze Familie versammelt sich um den Apparat, um die Nachrichten zu hören. Während des Zweiten Weltkriegs hören viele Deutsche heimlich den Londoner Radiosender BBC, um zuverlässige Informationen über den Kriegsverlauf zu erhalten. Das Fernsehen wird erst nach 1950 gebräuchlich. Die Fernsehnachrichten stellen heute die wichtigste Informationsquelle dar, doch auch das Radio und die Zeitungen werden immer noch stark genutzt.

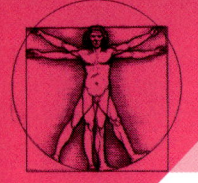

DER MENSCH IM ALLTAG
FORTSCHRITT IM 20. JAHRHUNDERT

Viele Dinge, die für uns heute selbstverständlich sind, hat es vor 100 Jahren noch nicht gegeben. Deine Großeltern oder Urgroßeltern haben in ihrem Leben also viele technische Neuerungen gesehen. Sie haben zum Beispiel gelernt, neue Maschinen zu bedienen, die ihr Leben angenehmer gestalten. Dazu gehören die Wasch- und die Spülmaschine, aber auch das Auto und das Telefon.

1. HÄLFTE DES 20. JAHRHUNDERTS

Verkehrsmittel
Alle großen Städte haben einen Bahnhof. Auto, Straßenbahn, Bus und U-Bahn ersetzen nach und nach die Pferdekutsche. Der Flugzeugbau steckt noch in den Kinderschuhen. 1927 findet der erste Flug über den Atlantik statt.

Zu Hause
Petroleumlampen ersetzen Kerzen. In den Städten werden die Wohnhäuser mit Gas erleuchtet. Doch Herde beheizt man immer noch mit Holz oder Kohle. Nicht alle Haushalte haben fließend Wasser. Viele Bewohner müssen ihr Wasser noch vom Brunnen oder einem

Immer schneller!
Die Postkutsche legte früher 10 km in der Stunde zurück. Die Dampflok fährt heute 65 km/h. Der ICE, ein Schnellverkehrszug, erreicht Geschwindigkeiten von bis zu 300 km/h. Linienflugzeuge sind sogar noch dreimal schneller!

2. HÄLFTE DES 20. JAHRHUNDERTS

Verkehrsmittel
Züge werden elektrisch oder mit Dieselmotor betrieben. Verkehrsflugzeuge befördern oft mehr als 300 Passagiere gleichzeitig über weite Entfernungen. Das gebräuchlichste Verkehrsmittel ist das Auto.

Zu Hause
Glühbirnen spenden Licht. Jeder Haushalt hat einen Farbfernseher. Die Apparate werden zunehmend verbessert. Die Fernsehbildschirme werden immer größer und flacher. Die ersten CDs kommen auf. Neben dem Telefon sind viele Haushalte jetzt mit

Das Leben wird immer komfortabler

gemeinsamen Wasserhahn holen. Die meisten Haushalte verfügen nicht über Warmwasser: Wenn man baden will, muss man das Badewasser vorher auf dem Herd erhitzen. Zur Unterhaltung legt man Schallplatten auf ein handbetriebenes Grammofon. Das Radio ist schon gebräuchlich, aber das Fernsehen befindet sich noch in seinen Anfängen.

Gesundheit

Seit der französische Chemiker Pasteur den Impfstoff erfand, können sich die Menschen vor schweren Krankheiten schützen. Chirurgen arbeiten mit Desinfektionsmitteln und Röntgengeräten, Penizillin das erste Antibiotikum, kommt auf den Markt. Doch viele Krankheiten können noch nicht geheilt werden.

Nahrungsmittel

Brot, Getreide und Kartoffeln sind die wichtigsten Nahrungsmittel. Fleisch gibt es nicht jeden Tag. Abends löffelt man gerne eine Suppe. Gemüse kommt aus dem eigenen Garten. Viele besitzen ein eigenes Stück Land vor der Stadt. Am Stadtrand entstehen die ersten Schrebergärten.

Computer und Faxgerät ausgestattet. Die Wohnungen werden immer komfortabler: Alle haben Dusche, WC und fließend Warmwasser. Seit den 1960er-Jahren kommen viele elektrische Haushaltsgeräte auf den Markt: Kühlschränke, Elektroherde, Geschirrspül- und Waschmaschinen sowie Mikrowellengeräte.

Gesundheit

Die Diagnoseverfahren werden immer ausgeklügelter und nutzen die neuen Techniken. Ultraschall, Computertomografie und Röntgenaufnahmen sind allgemein üblich. Die Operationsmethoden der Chirurgen werden zunehmend verbessert.

Nahrungsmittel

Die Menschen essen immer mehr Fleisch und Milchprodukte. Deshalb sind Kinder auch heute größer als früher. In den Supermärkten kann man Waren aus der ganzen Welt kaufen. Angeboten werden frische Produkte, Konserven und Tiefkühlwaren. Fertiggerichte sind sehr beliebt.

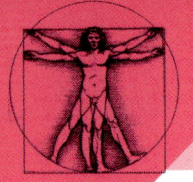

DER MENSCH IM ALLTAG
DIE LANDWIRTSCHAFT

Auf dem Land werden die Felder bestellt. Doch auch die Wiesen, auf denen die Tiere weiden, bedeuten Arbeit: Jeden Sommer müssen sie gemäht werden. In den Industrieländern gibt es immer weniger Landwirte, in anderen Länder gibt es dagegen noch viele Landwirte.

Landwirtschaft in großem Stil

In den Ebenen erstrecken sich weite Felder, soweit das Auge reicht. Kein Zaun behindert die landwirtschaftlichen Maschinen bei der Saat und Ernte. Hier wird vor allem Getreide wie Mais oder Weizen angebaut. Aber auch Raps, Sonnenblumen, Kartoffeln oder Zuckerrüben wachsen hier. Futterwiesen liefern das Heu für die Winterfütterung. Die Landwirtschaft wird hier in großem Stil mit aufwändigen Maschinen betrieben: Wichtig ist es, große Ernten einzufahren.

Viehzucht

Die Wiesen, auf denen die Tiere weiden, sind von Zäunen oder Hecken umgeben. Doch nicht alle Tiere werden auf der Weide gehalten. In der Massentierhaltung leben viele Tiere auf kleinstem Raum. Hennen sitzen zum Beispiel in engen Käfigen, die 16 Stunden täglich beleuchtet werden: Sie sollen so viele Eier wie möglich legen. In großen Schweineställen wachsen die Ferkel in Mastboxen heran. Sie erhalten Kraftfutter, damit sie schnell an Gewicht gewinnen. Mit der Viehzucht erwirtschaftet man Fleisch, aber auch Eier, Milch, Wolle, Leder und Federn.

Landschaft und Landwirtschaft

Landschaften werden durch den Menschen geprägt. In den Ebenen leuchten große Felder in vielen Farben. Auf den Hügeln und in den Mittelgebirgen wechseln Wiesen mit schmalen Äckern ab. Die Landwirtschaft muss sich an Bodenqualität und Klima anpassen und die Landwirte müssen die jeweils geeigneten Pflanzen anbauen.

Die moderne Landwirtschaft

Obst- und Gemüseanbau

Obstbäume brauchen ein mildes Klima. Apfel- und Birnbäume werden oft an Spalieren hochgezogen. Man stutzt sie häufig, um die Ernte zu erleichtern. Das Obst wird größer, wenn Triebe und Äste abgeschnitten werden. Gemüse und einige Obstsorten wie Erdbeeren werden auf freiem Feld oder in Treibhäusern angebaut, wo sie vor Wind und Kälte geschützt sind: So kann man Tomaten auch mitten im Winter ernten. Auf den Feldern und in den Treibhäusern sind Wasserleitungen verlegt, über die die Pflanzen regelmäßig bewässert werden.

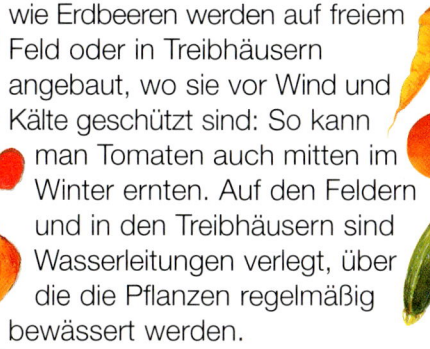

Ökologische Landwirtschaft

Die meisten Landwirte setzen Kunstdünger ein, um die Ernte zu steigern. Schädlinge werden mit Pestiziden bekämpft. Wenn diese chemischen Mittel in die Nahrungskette gelangen, können sie die Gesundheit des Menschen gefährden. Die ökologische Landwirtschaft greift deshalb auf traditionelle, natürliche Mittel zurück: Blattläuse werden beispielsweise mit Marienkäfern bekämpft.

Weinbau

Einige sonnenverwöhnte Gebiete haben sich auf den Weinanbau spezialisiert. Die Rebstöcke werden in Reihen an den sanften Berghängen, den Weinbergen, angepflanzt. Im Herbst findet die Weinlese statt. Dann werden die Trauben gekeltert (gepresst).

Blumen

Wie Gemüse werden auch Blumen überall in kleinem Maßstab angepflanzt. Besonders berühmt für ihre riesigen, farbenfrohen Blumenfelder sind allerdings die Niederlande: Hier wachsen vor allem Tulpen. Im Frühsommer bieten die Felder ein eindrucksvolles Bild.

Landschaftspflege

Felder, auf denen nichts mehr angebaut wird, werden schnell von hohen Gräsern, Sträuchern und struppigem Gebüsch zugewuchert. Bald gibt es kein Durchkommen mehr. Ohne Landwirte verändert sich die Landschaft und wächst zu: Es entsteht allmählich wieder ein Wald.

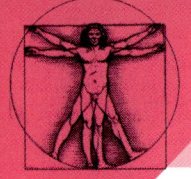

DER MENSCH IM ALLTAG
DIE RINDERZUCHT

Rinder werden auf der ganzen Welt gezüchtet: Sie werden bereits seit 11 000 Jahren als Haustiere gehalten. Ihr Nutzen ist vielseitig. In ärmeren Ländern werden Rinder vor den Pflug gespannt und ziehen den Karren zum Markt. Außerdem kann man das Fleisch der Rinder essen und die Milch trinken, die die Kühe geben. Ihre Haut wird zu Leder weiterverarbeitet.

Eine große Familie
Je nach Region und Nutzen züchten die Menschen verschiedene Rinderarten. Die schwarz-weiß gefleckten Holsteiner geben viel Milch, die außerdem sehr gut ist. Die weißen Charolais-Rinder und die braun-weißen Pinzgauer sind für ihr schmackhaftes Fleisch bekannt.

Auf der Weide
Die Tiere fressen auf den Wiesen saftiges Gras und leben in der Herde. Die Milchkühe trennt man sehr schnell von ihren Jungen, damit keine Milch verloren geht. Andere Kälber dürfen weiterhin bei der Mutterkuh trinken. Das Fleisch der Jungen ist weich und hell.

Massenviehzucht
In den Massentierhaltungen bekommen die Rinder kein frisches Gras zu fressen. Die Kälber werden mit Milchpulver aufgezogen. Ochsen und Kühe erhalten Nahrung aus Soja. Das Futter und die Vitaminstoffe werden von Maschinen ausgegeben.

Im Stall
Morgens und abends werden die Kühe im Stall gemolken. Hier verbringen sie auch den kalten Winter. Sie fressen in dieser Zeit Heu. Doch der Stall ist offen: So können die Kühe immer an die frische Luft. Im warmen Stall bleiben kranke und trächtige Kühe (Kühe, die ein Junges bekommen).

Die Melkmaschine
In den Industrieländern werden Kühe nur noch sehr selten mit der Hand gemolken. Meistens kommt die Melkmaschine zum Einsatz: Sie pumpt die Milch von den Eutern ab und leitet sie in einen Behälter weiter. Die Milch wird vom Tankwagen der Molkerei abgeholt.

Rinder als Nutztiere

Die Milch

Frisch gemolkene Milch ist warm, dickflüssig und hat einen starken Eigengeschmack. Sie wird schnell schlecht. Rohmilch wird zum Beispiel für Bauernkäse verwendet. Ein Tankwagen bringt die Milch in die nächste Molkerei. Dort wird sie behandelt und zu anderen Produkten weiterverarbeitet.

Was mit der Milch passiert

In der Molkerei wird die Milch auf Schadstoffe untersucht. Um die Milch länger haltbar zu machen, wird sie erhitzt und sofort wieder abgekühlt. Mit diesem Verfahren (Pasteurisieren) werden Bakterien und Krankheitserreger abgetötet. Die Milch ist nun länger haltbar und kann bedenkenlos getrunken werden.

Milchprodukte

Es gibt Vollmilch, halb entrahmte Milch und Magermilch – je nachdem wie viel Fett der Milch entzogen wird. Aus Vollmilch werden Butter und Rahm hergestellt. Milch kann auch zu Jogurt, Quark und Käse weiterverarbeitet werden. Buttermilch und Kefir sind sehr gesund und schmecken gut!

Herkunftsnachweis

Jedes Rind ist genau registriert. Es trägt in beiden Ohren eine Nummer. Die Nummern verweisen auf ein medizinisches Gutachten sowie auf Zeit und Ort der Geburt, Rinderart und den Namen des Züchters. So kann man immer ganz genau feststellen, um welches Rind es sich handelt.

Im Schlachthof

Das Fleisch der Tiere muss von guter Qualität sein, sonst werden die Menschen krank, wenn sie es essen. Ein Tierarzt führt im Schlachthof die dafür nötigen Kontrollen durch und prüft, ob die Tiere gesund sind. Beim Schlachten der Tiere sind strenge Richtlinien zu befolgen.

Auf dem Ladentisch

Der Metzger schneidet Koteletts zurecht oder verarbeitet das Fleisch zu Wurst und Schinken. Im Metzgerladen, aber auch im Supermarkt wird stets die genaue Herkunft des Tieres angegeben. In Lebensmittelfabriken werden tiefgefrorenes Fleisch und Fertiggerichte hergestellt.

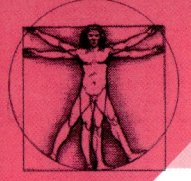

DER MENSCH IM ALLTAG
DAS LEBEN AUF DEM LAND

In den letzten 50 Jahren hat sich die Landwirtschaft in den industrialisierten Ländern stark gewandelt. Aus den kleinen Bauernhöfen, die von einer Familie betrieben wurden, sind moderne Betriebe geworden. Sie verkaufen ihre Produkte im In- und Ausland. Die Zahl der Landwirte sinkt. Dafür ziehen aber immer mehr Städter auf das Land, weil sie die gesunde Luft und die Nähe zur Natur schätzen.

Bauernhöfe von heute

Bauern wohnen oft auf alten Höfen, die innerhalb der Familie weitervererbt werden. Dank einer modernen Ausstattung sind sie genau so komfortabel wie eine Stadtwohnung. In Geräteschuppen sind die Maschinen untergebracht, die der Landwirt braucht. Sie müssen gepflegt und gewartet werden. In den Treibhäusern wie in den Ställen regeln Geräte automatisch Temperatur und Lichtverhältnisse. Auch Dünger und Futter werden maschinell verteilt. Ein Landwirt von heute muss sich also auch mit Technik auskennen.

Maschinen

Als deine Großeltern oder Urgroßeltern noch jung waren, zogen Pferde und Ochsen den Pflug. Auf den Feldern und in den Ställen arbeiteten Knechte und Mägde. Heute werden Traktoren anstelle von Tieren eingesetzt. Maschinen ersetzen in der Landwirtschaft auch menschliche Arbeitskräfte.

Arbeiten auf dem Land und Wohnen in der Stadt

Einige Landwirte leben lieber in einem Haus oder in einer Wohnung in der Stadt als auf dem Bauernhof. Die Felder und Ställe sind nur ihr Arbeitsplatz. Manche Frauen arbeiten auf dem Hof mit, doch viele gehen einem anderen Beruf nach.

Der Landwirt als Unternehmer

Der Computer ist nicht mehr wegzudenken. Mit ihm werden Anbau und Qualität der landwirtschaftlichen Produkte überwacht. Er regelt auch das Füttern und Mästen der Tiere. Der Landwirt plant auf dem Computer seine Einkäufe und Verkäufer: Wie ein richtiger Firmenchef!

Der Landwirt als Unternehmer

Was der Bauer herstellt

Wenn du wissen möchtest, wie man Gemüse anbaut und Tiere aufzieht, dann unternimm einen Ausflug auf den Bauernhof. Manche Landwirte führen gerne Schulkinder auf ihrem Hof herum und zeigen ihnen die Ställe. Sie erzählen interessante Dinge über ihren Beruf, der sehr abwechslungsreich ist. Es gibt auch Höfe, wo du die auf dem Bauernhof angebauten und produzierten Produkte probieren oder sogar an den Mahlzeiten teilnehmen darfst.

Urlaub auf dem Bauernhof

Landwirt ist ein anstrengender Beruf mit wenig Freizeit. Die Maschinen, die man für einen modernen Betrieb braucht, sind teuer. Deshalb beherbergen Landwirte oft Feriengäste auf ihren Höfen und bessern so ihr Einkommen ein bisschen auf. Manchmal stellen sie ihre Felder auch Campern zur Verfügung. Städter nehmen das Angebot gerne in Anspruch: Sie suchen Ruhe und genießen es, sich den ganzen Tag an der frischen Luft aufzuhalten.

Wissen weitervermitteln

Wer möchte, kann für eine Zeit auf einem Bauernhof mitarbeiten. Man geht mit auf die Felder und steigt auf den Traktor. Oder man geht in die Ställe und sieht zu, wie die Kuh ein Kalb bekommt. Auf dem Bauernhof erlernt man Dinge, die man in der Stadt schon längst vergessen hat: Wie man selbst Brot backt, Marmelade kocht und Käse herstellt. Hast du Lust bekommen?

Stadtmenschen, Landmenschen

Immer mehr Städter lassen sich auf dem Land nieder. Hier finden sie Ruhe und viel unberührte Natur. Manche pendeln jeden Tag mit dem Auto oder dem Zug in die Stadt, um dort zu arbeiten. Andere erledigen ihre Arbeit mit Computer und Internet von zu Hause aus.

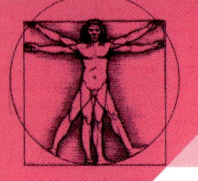

DER MENSCH IM ALLTAG
DAS LEBEN IN DEN BERGEN

In den Bergen leben die Menschen vorwiegend von der Land- und Holzwirtschaft. Die Jahreszeiten bestimmen den Lebensrhythmus. Im Winter suchen sich Landwirte und Holzfäller eine andere Beschäftigung. Je nach Höhenlage finden die Menschen verschiedene Böden und unterschiedliche Pflanzen vor: vom nackten Felsgipfel bis zu den saftigen Almen an der Baumgrenze.

Auf den Almen
In etwa 2000 m Höhe endet der Wald. Hier beginnen große Wiesenflächen: die Almen. Dorthin führen die Hirten jedes Frühjahr ihre Schaf- und Kuhherden. Man spricht vom Almauftrieb. Auch Hunde begleiten die Herden. Sie sind darauf abgerichtet, die Herde zu bewachen, wenn sie auf der Alm grast. Allerdings werden heute die Herden oft im Lastwagen auf die Almen gefahren.

In den Tälern
In den Tälern und am Fuß der Hügel liegen die Felder und Wiesen der Bauern. Besonders beliebt sind die Ländereien auf der Sonnenseite der Hänge. Hier wird vor allem Getreide angebaut: Weizen, Hafer, Gerste und Roggen. Im Sommer werden die Felder gemäht. Das Gras trocknet zu Heu, wird in Scheunen gelagert und im Winter an die Tiere verfüttert. Die Viehzucht liefert neben der Milch auch Fleisch.

Lebendige Traditionen
In den Bergdörfern halten die Menschen an Traditionen fest. An Festtagen legen sie traditionelle volkstümliche Trachten an. Früher trugen alle Menschen die Tracht ihrer jeweiligen Region. An den Festtagen werden die Tiere mit Blumen geschmückt.

Leben im Rhythmus der Jahreszeiten

Die Herden steigen erst im Herbst wieder ins Tal herab. Den Sommer verbringen sie auf der Alm. Die gemolkene Milch wird täglich in die Molkereien ins Tal gebracht. Manchmal nutzen die Bauern dafür die Kabel der Seilbahnen: Das geht am allerschnellsten!

Bergkäse

Kühe und Schafe, die auf den Hochalmen grasen, geben eine sehr reichhaltige Milch. Sie wird nach traditionellen, von Generation zu Generation überlieferten Verfahren zu Käse weiterverarbeitet: Jede Region hat ihre eigene Käsesorte.

Bergwälder

Bis in eine Höhe von 900 m wachsen Laubbäume. Nadelbäume wie Kiefern, Tannen und Lärchen sind widerstandsfähiger und gedeihen auch in höheren Lagen zwischen 1200 und 2000 m. Bei jeder Baumart hat das Holz andere Eigenschaften.

Sherpas aus Nepal

Die Sherpas sind ein Bergvolk im Himalaja. Dort leben sie auf 3000 m Höhe. Sie sind dafür bekannt, dass sie schwere Lasten auf steilen, gefährlichen Wegen tragen können. Oft stehen sie Touristen als Bergführer zur Verfügung.

Das Leben auf den Hochebenen

Im Himalaja und in den Anden betreiben die Menschen auf den Hochebenen Feldarbeit. Unterhalb der Gipfel haben sie in mehr als 2000 m Höhe Terrassenfelder angelegt. In den Anden befinden sich die am höchsten gelegenen Hauptstädte der Welt!

Wenn Bäume abgeholzt werden, pflanzt man wieder neue Jungbäume an. Stämme werden manchmal auf Flüssen weitertransportiert: Das nennt man Flößen. In den Industrieländern bedrohen die Abgase von Autos und Fabriken die Wälder.

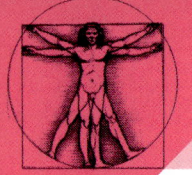

DER MENSCH IM ALLTAG
DER BERG RUFT

Das Leben in luftiger Höhe ist nicht einfach. Deshalb sind Gebirge auf der ganzen Welt nur dünn besiedelt. Die Menschen lassen sich lieber in den Ebenen oder an den Küsten nieder. Doch die Täler und der Fuß der Berge sind schon lange bewohnt. Hier haben sich Städte und Industrien angesiedelt. Auch die Gipfel werden erobert: Der Tourismus spielt im Sommer und im Winter eine wichtige Rolle.

Gebirgsklima
In allen Gebirgen auf der Erde herrschen ähnliche Klimabedingungen. Die Berge bilden natürliche Schranken, an denen sich Wolken festsetzen. Die Luft wird immer kühler, je höher man steigt. In den Hochlagen liegt selbst im Sommer oft Schnee. Hoch oben in der Bergen wird die Luft dünner: Beim Laufen kommst du schneller außer Atem.

Holzverarbeitung
Die gefällten Bäume werden ins Sägewerk gebracht. Dort entfernt man die Rinde und schneidet die Stämme zu Brettern. Früher wurden die Maschinen mit der Wasserkraft der Gebirgsbäche betrieben. Damals verarbeiteten die Bergbauern das Holz in den Wintermonaten noch selbst.

Handel in den Tälern
In den Tälern herrscht reges Kommen und Gehen: Hier treffen die Menschen zusammen, weil es nur hier Durchgangsstraßen gibt. Brücken und Tunnel verbinden die Täler miteinander. Straßen und Eisenbahnlinien bilden ein dichtes Verkehrsnetz, über das Waren transportiert werden. Städte und Fabriken sind inzwischen leicht erreichbar. Die Fabriken nutzen die Rohstoffe der Berge: Holz, Mineralien und Wasser. Großstädte haben sich auf bestimmte Zweige wie beispielsweise die Computertechnologie spezialisiert.

Heute ist aus der Holzverarbeitung eine richtige Industrie geworden. Holz wird zum Bau von Häusern oder für Möbel verwendet. Deutschland und Frankreich sind führend bei der Herstellung von Holzspielzeug. Das Erzgebirge ist berühmt für Weihnachtsschmuck aus geschnitztem Holz.

Raue Bergwelt

Bergbäche
Gebirgsbäche schießen in schnellem Lauf die Berghänge hinab. An besonders steilen Stellen bilden sie Wasserfälle. Das Wasser wird in Stauseen gesammelt und damit Elektrizität gewonnen.

Tourismus
Am Anfang kommen Menschen in die Berge, um in der gesunden Bergluft Krankheiten auszukurieren. Im 19. Jahrhundert werden die ersten Gipfel erklommen. Heute reisen viele Touristen im Winter zum Ski fahren in die Berge.

Naturschutzgebiete
In den Bergen leben vom Aussterben bedrohte Tierarten. Auch seltene Pflanzen wachsen in den höheren Lagen: zum Beispiel das Edelweiß. Um die Natur zu erhalten, werden Gebiete abgesteckt, in denen Pflanzen und Tiere geschützt sind.

Winter- und Sommersport
Die Olympischen Winterspiele machen die Wintersportarten berühmt. Alpinski und Langlauf sind die bekanntesten. Heute fährt man auch mit dem Snowboard die Hänge hinunter. Im Sommer machen Wanderer auf markierten Bergpfaden Hüttenwanderungen. Erfahrene Bergführer bieten außerdem Klettertouren auf die schneebedeckten Gipfel und Gletscher an. Man sollte sich dort immer mit einem Seil absichern! Aus der Höhe kann man mit Gleitschirmen wie ein Adler ins Tal segeln. Beliebt ist auch, Schluchten hinaufzuklettern oder mit Schlauchbooten die Gebirgsflüsse zu befahren.

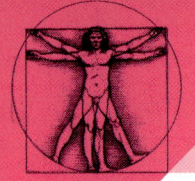

DER MENSCH IM ALLTAG
DER FISCHFANG

Fischfang wird auf der ganzen Welt betrieben und sichert wichtige Arbeitsplätze. Als Nahrungsmittel ersetzt Fisch in vielen Ländern Fleisch. Doch es gibt immer weniger Fische in den Weltmeeren, weil die großen Fischerboote zu viel fangen und die Meere leer fischen. Deshalb wird die Fischzucht immer wichtiger. So wie die Viehzucht die Jagd ablöste, wird auch die Aufzucht von Fischen und anderen Wassertieren den traditionellen Fischfang ablösen.

Küstenfischerei

Küstenfischer arbeiten auf kleinen Booten und entfernen sich nicht sehr weit vom Festland. Sie bleiben bis zu vier Tagen auf See. Ihre Fische werden frisch auf dem Markt verkauft und sind für den sofortigen Verzehr bestimmt.

Fische im Netz

Dort, wo die Fischer größere Fischschwärme vermuten, werfen sie das Netz aus. Wenn das Netz schwer von den vielen Fischen ist, ziehen sie es nach oben. Die Fischer werfen unbrauchbare Fische ins Meer zurück.

Schleppnetze

Der Fischkutter zieht ein trichterförmiges Schleppnetz hinter sich her, in das die Fischschwärme hineinschwimmen. Die Maschen des Netzes sind so groß, dass kleine Fische wieder entschlüpfen können. So bleiben immer Fische übrig, die heranwachsen und sich vermehren.

Hochseefischerei

Große Fischdampfer fahren weit aufs Meer hinaus und bleiben dort zwei Wochen bis zwei Monate. Mit Ultraschallgeräten suchen sie nach großen Fischschwärmen. Ein Wassersichtgerät macht den Meeresboden auf dem Bildschirm sichtbar: Auf diese Weise sehen die Fischer genau, wo sie ihr Schleppnetz in die Tiefe lassen müssen. Es kann bis zu 800 m tief herabgelassen werden.

Die Meere werden leer gefischt!

Ankunft im Hafen

Bei der Ankunft im Hafen wird der Fang vom Fischkutter abgeladen. Die Fische können an Ort und Stelle an Touristen oder Dorfbewohner verkauft werden. Ein Teil des Fangs ist für die Restaurants, ein anderer für die Fischhallen bestimmt.

In der Fischhalle

Die Fischer finden sich in einer großen Halle ein, um ihren Fang in einer Auktion an die Fischhändler zu verkaufen. Die Fischhändler begutachten die Fische und geben ihre Gebote ab: Der Meistbietende macht das Rennen.

Die großen Fischmärkte

Die Fischhändler bringen ihre Einkäufe auf die großen Fischmärkte des Landes, wo sie weiterverkauft werden. Ein sehr bekannter Fischmarkt findet in Hamburg statt. Die Fischhändler sind das Bindeglied zwischen Fischern und Fischverkäufern.

Fabrikschiffe

Auf Fabrikschiffen werden die Fische schon auf See weiterverarbeitet. Arbeiter nehmen sie am Fließband aus und portionieren sie. Tief gefroren hält sich der Fisch frisch. Japaner verarbeiten auf diese Weise auch Krustentiere.

Fischzucht

Schon seit langem züchtet man Lachse in großen Käfigen im Meer. Die Tiere müssen geimpft werden, weil sich in den engen Käfigen leicht Krankheitserreger ausbreiten. In künstlich angelegten Becken am Meeresufer züchtet man auch Krebse, Austern und Miesmuscheln.

Beim Fischverkäufer

Der Fischverkäufer bietet auf dem Markt oder in seinem Laden frische Fische, Muscheln und Krustentiere an. Er nimmt die Fische aus, schuppt sie und schneidet Filets zurecht. Die Käufer müssen den Fisch nur noch zubereiten!

DER MENSCH IM ALLTAG
AM MEER

Auf der Welt leben sechs von zehn Menschen am Meer. Das Meer stellt Nahrung für uns bereit. Schiffe befördern Personen und Waren. Seit der Antike spielen Häfen eine wichtige Rolle. Heute lassen sich zahlreiche Fabriken in Hafengegenden nieder, weil sie auf dem Seeweg mit Rohstoffen und Waren beliefert werden. Malerische Küstenabschnitte und Sandstrände locken Urlauber an.

In Gegenden mit schönen Stränden sind Badeorte entstanden: Große und kleine Hotels beherbergen Urlauber. Auch Campingplätze stehen zur Verfügung.

Salzwasser und Algen sind gut für die Gesundheit: Das Baden im Meerwasser macht müde und kranke Menschen wieder munter. An der Nord- und Ostseeküste gibt es viele Seebäder.

Im Fischereihafen ① herrscht das ganze Jahr Betrieb. In Fischfabriken wird der frische Fang verarbeitet.

An schönen Tagen erwacht der Jachthafen ② mit seinen Segelschiffen und Motorbooten zum Leben. Hier können Urlauber auch den Segelschein erwerben und ein Boot mieten.

Dreh- und Angelpunkt des Hafens bildet die Hafenmeisterei ③. Von hier aus wird der Schiffsverkehr überwacht. Der Hafenmeister gibt die Wettervorhersage bekannt, damit sich die Kapitäne auf das Seewetter einstellen können. Er leitet auch Rettungsmaßnahmen ein, sobald ein Schiff in Seenot gerät.

Der Hafen spielt eine wichtige Rolle für den Handel

Im Handelshafen ④ laufen riesige Fracht- und Tankschiffe ein, die Rohstoffe und Handelswaren an Bord haben. Am Kai be- und entladen Hafenarbeiter mithilfe von Kränen die Schiffe. Große Container lagern in Gebäuden rund um den Hafen.

Fährschiffe befördern Fahrgäste und Fahrzeuge. Auf manchen findet sogar ein ganzer Zug Platz! Die Schiffe werden in Schiffswerften ⑤ auf dem Trockendeck gebaut und repariert. Danach lässt man sie zu Wasser. Große Werften befinden sich etwa in Hamburg, Kiel und Emden.

Rund um den Hafen stehen Ölraffinerien ⑥, die das angelieferte Rohöl reinigen. Eisen und Metalle werden in speziellen Fabriken weiterverarbeitet.

Einige Häfen werden nur vom Militär genutzt. Die Hafenbecken sind nicht öffentlich zugänglich. Hier ankern Kriegsschiffe, Flugzeugträger oder U-Boote.

Schutz von Küstengebieten

Der Mensch verschmutzt Küste und Meerwasser. Heute wacht der Staat über die Natur und achtet darauf, dass nicht zu viel gebaut wird: So werden bedrohte Küstengebiete erhalten.

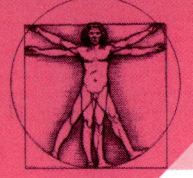

DER MENSCH IM ALLTAG
SUPERMÄRKTE UND EINKAUFSZENTREN

Mitte des 19. Jahrhunderts entstehen die ersten Vorfahren unseres modernen Supermarktes: Hier findet man so viele Waren, dass man den gesamten Einkauf in demselben Kaufhaus erledigen kann. 1932 gibt es den ersten Supermarkt in den USA: Der Kunde bedient sich selbst, es gibt nur noch wenige Verkäufer.

Der Wareneinkauf
Die Einkaufsabteilung wählt die Waren aus, die der Supermarkt anbietet. Außerdem handelt sie die Preise mit den Herstellern aus. Oft schließen sich verschiedene Supermärkte zusammen und bestellen gemeinsam die Waren. Je größer die Menge, umso niedriger der Preis.

Waren auf Lager
Gern gekaufte Waren müssen stets im Lager verfügbar sein, damit die Verkaufsregale gefüllt werden können. Der Verwalter des Warenlagers erfasst mithilfe des Computers, welche Mengen noch im Lager zu finden sind. So informiert er sich über den Warenbestand.

Der Weg zum Lager
Die bestellten Waren werden auf großen Paletten verpackt angeliefert. So können sie mit Hubwagen leicht weitertransportiert werden. Die Lager verfügen über breite Gänge. Alle Waren haben im Lager ihren festen Platz. Frischprodukte werden in Kühlkammern aufbewahrt.

Der Weg ins Regal
Die Regale sind so angeordnet, dass sich der Kunde schnell zurechtfindet. Die Waren sind nach ihrer Verwendung geordnet: Kaffeesorten stehen nebeneinander und Spülhandschuhe findet man in der Nähe der Reinigungsmittel. Neben der Kasse locken Süßigkeiten.

Einkaufen mit der Familie
In den großen Supermärkten kann die ganze Familie gemeinsam einkaufen. Die Gänge sind breit angelegt und die Einkaufswagen mit einem Kindersitz ausgestattet. Die Regale enthalten viele unterschiedliche Waren.

Alle Waren in Reichweite

Preisauszeichnung

Etiketten informieren über den Preis und das Gewicht der Ware. Oft steht auch der Kilopreis dabei, damit man die verschiedenen Produkte besser vergleichen kann. Bei Obst, Gemüse und Fleisch wird auch die Herkunft angegeben. Das Verfallsdatum ist auf die Ware aufgedruckt.

Alles muss frisch sein!

Die Verkäufer füllen frische Waren auf, sodass die Regale nie leer sind. Alle Produkte müssen an der richtigen Stelle im Regal einsortiert sein, damit der Kunde sie findet. Die Verkäufer sortieren die Produkte aus, deren Verfallsdatum abgelaufen ist. Die Regale sollen immer sauber aussehen.

Werbeaktionen

Um den Verkauf anzukurbeln, gibt es Werbeaktionen: Sie locken mit Preisnachlässen und Schnäppchen. Diese werden mit bunten Plakaten beworben. In manchen Supermärkten machen Durchsagen die Kunden auf Sonderangebote aufmerksam.

An der Kasse

Am Ausgang befindet sich die Kasse, an der die Kunden bezahlen. Die Kassiererin führt jedes Produkt über einen Scanner: Der Preis wird automatisch in der Kasse gespeichert. Die Kasse errechnet den Gesamtbetrag, den die Kassiererin entgegennimmt.

Geschäfte und Einkaufszentren

Es gibt unterschiedlich große Geschäfte: Kleine Supermärkte belegen eine Fläche zwischen 120 und 400 m² und sind meistens mitten in den Stadtvierteln zu finden. Ihr Warenangebot ist nicht so umfangreich. Fachgeschäfte haben sich auf ein Produkt spezialisiert: etwa Haushaltsgeräte oder Unterhaltungselektronik. Kaufhäuser bieten die verschiedensten Waren unter einem Dach und liegen meist im Stadtzentrum. Große Supermärkte oder Einkaufszentren nehmen zwischen 2500 und 10 000 m² ein. Sie liegen meist am Stadtrand und verfügen über große Parkplätze. Inzwischen gibt es auch riesige Einkaufszentren, die sich auf Möbel, Spielsachen oder Kleidung spezialisiert haben.

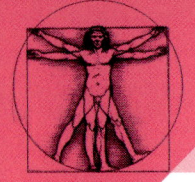

DER MENSCH IM ALLTAG
ZÜGE

Der erste Personenzug wird 1825 in England in Betrieb genommen: Die Holzwagons werden von einer Dampflokomotive gezogen und erreichen 20 km/h. Bald schon verlaufen Schienen in Europa und der ganzen Welt. 1835 wird die Eisenbahnstrecke Nürnberg-Fürth gebaut. Besonders in der ersten Hälfte des 20. Jahrhunderts ist die Eisenbahn das wichtigste Transportmittel für Reisende und Güter. Dann kommen Auto und Flugzeug in Mode. Trotzdem spielen Züge eine wichtige Rolle, denn sie werden immer schneller, sicherer und bequemer.

Das Eisenbahnnetz

In Deutschland werden die meisten Züge über eine Oberleitung mit elektrischem Strom betrieben, in den USA laufen die Züge mit Dieselmotor. Auf stark befahrenen Eisenbahnstrecken überwachen Computer oder elektrische Schaltsignale den Verkehr. Um Unfälle zu verhindern, geben Schilder und Leuchtsignale den Zugführern den Pflichtabstand zwischen den Zügen an. Über maschinell gesteuerte Weichen wechseln die Züge das Gleis. Die Schnellzüge benutzen oft eigene, ihnen vorbehaltene Gleise.

Eisenbahndepot

Nach Einsatzende laufen die Züge im Eisenbahndepot ein. Dort überprüfen Mechaniker die Technik und nehmen notwendige Reparaturen vor.

Rangierbahnhof

Hier koppeln Rangierlokomotiven die Wagons der Güterzüge aneinander. Je nach Ladung sehen die Wagons unterschiedlich aus. Die Viehwagons sind belüftet, damit die Tiere während der Fahrt genug Luft bekommen. Eine einzige Lokomotive kann viele Wagons ziehen: Zähl einmal die Wagons, wenn du einen Güterzug siehst! Der Zugverkehr hilft, die Umweltverschmutzung einzudämmen. Im Schienenverkehr gibt es außerdem viel weniger Unfälle.

Schnelle Züge

Der ICE (Intercity Express) ist ein deutscher Hochgeschwindigkeitszug und erreicht bis zu 300 km/h. Die Strecke von Frankfurt nach München legt er in 3,5 Stunden zurück. Der Thalys fährt in knapp 4 Stunden von Köln nach Paris. Der Eurostar verbindet Paris mit London und durchfährt den Eurotunnel.

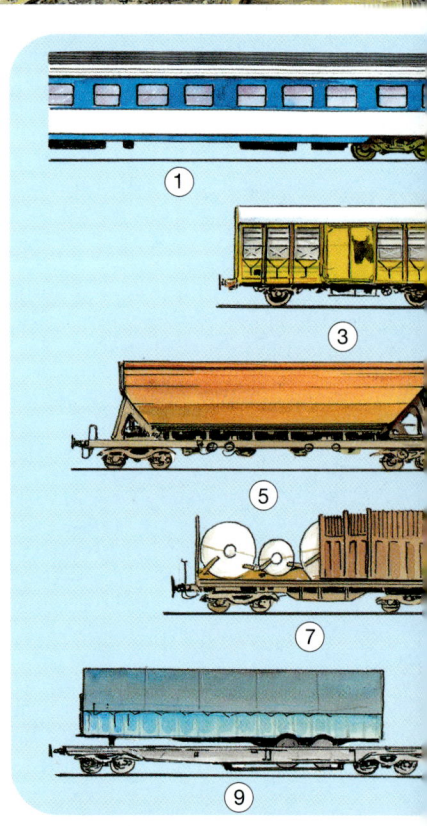

Die Schnellzüge von morgen

Auf dem Bahnhof

Auf dem Bahnhof kann man Fahrscheine an Fahrkartenschaltern oder -automaten erstehen. Tafeln informieren über die Ankunfts- und Abfahrtszeiten. Reist man weite Strecken, sollte man vorher einen Sitzplatz reservieren!

Die Fahrkarte wird im Zug vom Schaffner kontrolliert und entwertet. Bleibt vor der Abfahrt noch etwas Zeit, kann man einen kleinen Imbiss im Bahnhof einnehmen oder durch die Geschäfte bummeln. Auf den Bahnsteigen transportieren kleine Wagen Gepäck und Post.

Im Überblick

Ein Güterzug besteht aus 60 bis 75 Wagons, ein Personenzug aus 12 bis 18 Wagons. Die längste Eisenbahnstrecke der Welt befährt die Transsibirische Eisenbahn: Sie legt die 9438 km zwischen Moskau und der Pazifikküste in 8 Tagen, 4 Stunden und 25 Minuten zurück! In Peru verkehrt ein Zug in 4818 m Höhe in den südamerikanischen Anden. Zwischen den japanischen Inseln Hokkaido und Honshu verläuft der längste unterseeische Zugtunnel: Er ist 53,85 km lang.

Nachts reist man in Liegewagen ① oder Schlafwagen ②: Liegewagen sind pro Abteil mit sechs Plätzen ausgestattet. Schlafwagen haben in jedem Abteil vier Betten und eine Waschgelegenheit.

Viehwagons ③ befördern Tiere.

Postwagons ④ können Pakete bis zu 5000 kg transportieren!

Offene Wagons ⑤ befördern unverpackte Güter.

Einige Wagons ⑥ werden mit extrem großen Gütern beladen. Kabel- oder Stahlrollen werden auf Wagons mit verschiebbaren Wänden und Dächern ⑦ transportiert.

Gas, aber auch Öl oder Wein befördert man in Tankwagons ⑧. Auflieger von Lkws ⑨ werden auf entsprechend geformten Flächen gelagert. Holz wird auf Rungenwagen ⑩ transportiert: Anstelle von Seitenwänden verfügen sie über Stützstreben.

Die Züge von morgen

2010 könnte die Swissmetro die großen Städte der Schweiz verbinden. Sie soll mit einer Geschwindigkeit von 400 oder 600 km/h in unterirdischen, teilweise luftleeren Tunneln verkehren. Die Japaner arbeiten an einem Zug mit Flügeln und Propeller, der über den Gleisen schwebt.

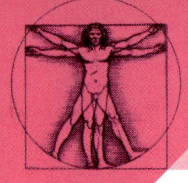

DER MENSCH IM ALLTAG
FLUGZEUGE

Die ersten Propellermaschinen haben nur rund 20 Fluggäste an Bord. Heute befördern die großen Passagierflugzeuge wie der Airbus A 340 oder die Boeing 777 etwa 400 bis 500 Passagiere mehr als 10 000 km weit. Der Airbus wird seit 1974 von mehreren europäischen Ländern gemeinsam gebaut. Der neue Airbus A 380 kann 900 Passagiere aufnehmen. An Bord sollen sich Liegen, ein Fitnessraum und eine Bibliothek befinden.

Vor dem Abheben erklären die Stewardessen die Sicherheitsmaßnahmen für den Ernstfall. Der tritt aber sehr selten ein!

Bei Start und Landung bringt man seinen Sitz in eine aufrechte Position und legt den Sicherheitsgurt an.

Auf langen Strecken können die Passagiere einen Film ansehen. Über Kopfhörer kann man Musik hören.

Im Cockpit
Im Cockpit steuert der Pilot das Flugzeug. Messgeräte kontrollieren Flughöhe und Geschwindigkeit.

Den Passagieren zu Diensten
Die Mannschaft besteht aus einem Piloten und einem Kopiloten, die gemeinsam die Maschine steuern. Stewards und Stewardessen kümmern sich um das Wohl und die Sicherheit der Passagiere. Elektronische Geräte wie Handys oder Laptops müssen bei Start und Landung ausgeschaltet bleiben. Sie würden den Funkverkehr mit den Lotsen und die Steuerungsinstrumente des Flugzeugs stören.

Der neue Airbus A 380 soll das größte Passagierflugzeug der Welt werden.

Die Fluglotsen
Vom Kontrollturm aus überwachen die Fluglotsen den Flugverkehr. Auf einem Monitor können sie die Bewegungen der Flugzeuge verfolgen. Über Funk stehen sie mit den Piloten in Kontakt und geben ihnen Start- und Landeerlaubnis.

Mehr als eine Milliarde Passagiere im Jahr

Monitore geben Auskunft über Flughöhe, Geschwindigkeit, Temperatur und Reiseverlauf.

Während des Fluges servieren die Stewardessen und Stewards den Passagieren eine Mahlzeit.

Zum Entspannen kann man den Sitz zurückklappen. Auf Wunsch bringt die Stewardess auch Decke, Kissen und Schlafbrille.

NA SO WAS!

- Eine Boeing 747 hebt beim Start mit 290 km/h ab und erreicht während des Fluges eine Geschwindigkeit von 900 km/h. Die Reisehöhe beträgt in der Regel 10 700 m.

- Ein Airbus A 320 kann 150 bis 164 Passagiere befördern.

- Ein Airbus A 320 hat eine Reichweite von 5300 km: Er kann so viele Kilometer zurücklegen, ohne tanken zu müssen. Ein Airbus A 340 hat eine Reichweite von 14 000 km.

- Die Boeing 777 fliegt ohne Zwischenstopp von Los Angeles nach Sydney: Der Flug führt über eine Strecke von 12 050 km und dauert 15 Stunden.

Das Bodenpersonal reinigt die Flugzeuge, tankt sie auf und lädt Gepäckstücke ein oder aus.

In der Schalterhalle checken die Passagiere ein: Sie zeigen ihre Tickets vor, erhalten die Bordkarten und geben ihr Gepäck auf. Vor dem Einsteigen werden die Reisepässe und das Handgepäck genau kontrolliert.

DER MENSCH IM ALLTAG
KOMMUNIKATIONSMITTEL

Es ist lange Zeit schwierig, Menschen, die weit weg wohnen, Nachrichten zukommen zu lassen. Briefe, die zu Fuß, mit dem Pferd oder mit Brieftauben zugestellt werden, erreichen ihren Empfänger oft erst Wochen später. Mit der Entwicklung von Technik und modernen Transportmitteln verbessert sich diese Situation. Heute kann man über Telefon, Handy, E-Mail und Fax sofort Kontakt mit Menschen auf der ganzen Welt herstellen.

Der Bote von Marathon
Ursprünglich überbringen Boten zu Fuß oder zu Pferd wichtige Nachrichten. Berühmt ist der griechische Bote Pheidippides: Nachdem die Griechen 490 v. Chr. die Perser bei Marathon geschlagen haben, läuft Pheidippides 42,195 km nach Athen, um den Sieg zu melden. Über diese Distanz läuft man heute den Marathon!

BRIEFVERKEHR

Früher wartet man oft wochenlang auf Briefe. Das ist heute anders. Briefe und Päckchen werden in großen Verteilanlagen maschinell sortiert. In Lkws, Zügen oder Flugzeugen gelangen sie zu dem Postamt, das in der Nähe des Bestimmungsortes liegt. Briefträger verteilen sie an die einzelnen Haushalte. Damit dein Brief schnell ankommt, musst du die Adresse sorgfältig auf den Umschlag schreiben: zuerst den Namen, dann die Straße mit der Hausnummer und ganz unten die Stadt mit der jeweiligen Postleitzahl. Dann braucht dein Brief nur ein bis zwei Tage bis in eine andere Großstadt.

TELEFON

1837 erfindet Samuel Morse das Telegrafieren. Mit dieser Technik kann man über weite Distanzen Kurznachrichten übermitteln. 1876 meldet der Amerikaner Graham Bell ein Patent auf das Telefon an. Die Verständigung funktioniert mit einer Hör- und einer Sprechmuschel. Aber nicht die Stimme selbst, sondern Schallwellen in Form von elektrischen Signalen legen den weiten Weg durch die Telefonleitungen zurück. Am anderen Ende werden diese Signale wieder in Sprache umgewandelt. Telefonleitungen verlaufen über und unter der Erde, aber auch am Meeresboden.

Verständigung rund um den Globus

HANDY

Ein Handy ist ein tragbares Telefon ohne Schnur. Man kann mit dem Mobiltelefon nicht nur telefonieren, sondern auch das Kinoprogramm abrufen, Kurznachrichten (SMS) schreiben oder Fotos verschicken. Es speichert Telefonnummern und Nachrichten von Anrufern. Viele Benutzer verwenden ihr Handy auch für Spiele, als Uhr oder als Wecker. Das Handy funktioniert elektromagnetisch mit Wellen wie das Radio. In regelmäßigen Abständen sind weltweit Funkmasten aufgestellt, die die Wellen weiterleiten. Elektromagnetische Wellen können auch per Satellit weitergeleitet werden.

FAX

Auf der Basis des Telefons wird das Faxgerät entwickelt: Innerhalb einer Minute kann man über das Telefonnetz Briefe oder Bilder verschicken. 1907 erfindet der Franzose Édouard Belin den Vorläufer des Faxgerätes: Die Maschine liest den Text mit einem Lichtkegel ein und druckt ihn auf der anderen Seite nach dem Prinzip der Fotografie auf lichtempfindlichem Papier wieder aus. Mit diesem Verfahren können Journalisten aus fernen Ländern Fotografien an ihre Zeitung übermitteln. Hochleistungsfaxgeräte arbeiten mit Laserdruck.

INTERNET

Heute schreibt, verschickt und empfängt man Post mit dem Computer. Elektronische Post nennt man E-Mail. Sie wird über das Internet weltweit versandt. Dazu muss der Computer mit einem Modem ausgestattet sein. Mit dem Modem wird die Nachricht über die Telefonleitung bis zu einem Server transportiert. Der Server stellt die Verbindung mit dem Internet her, einem Nachrichtennetz, das sich über Leitungen und Satelliten um die ganze Welt spannt. Viele Anwender nutzen das Internet, um Informationen zu recherchieren oder an Diskussionsforen teilzunehmen.

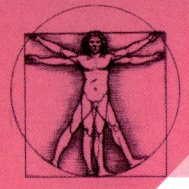

DER MENSCH IM ALLTAG
MEDIEN

Presse, Radio, Fernsehen und Internet sind die wichtigsten Informationsmittel. Über diese Medien erfährt man, was im eigenen Land und auf der Welt passiert. Reporter berichten von politischen Ereignissen, vom Stand der Aktienkurse, von Unglücken oder Naturkatastrophen. Informationen sind wichtig, um Ereignisse besser zu verstehen.

DAS FERNSEHEN
Die Kamera zeichnet die Bilder auf. Im Studio hat sie ihren festen Platz, bei Reportagen trägt sie der Kameramann auf der Schulter. Ein Journalist und ein Tontechniker begleiten ihn.

Der Kommentator sitzt bei großen Sportveranstaltungen auf der Pressetribüne hoch über den Sitzreihen. Er erläutert und bewertet die Ereignisse, die im Stadion stattfinden. Die Regie bearbeitet Bild und Ton und ist für die Ausstrahlung über Satellit verantwortlich.

Die Welt ist ein Dorf
Heute können wir unmittelbar verfolgen, was in weit entfernten Ländern passiert. Dank der modernen Kommunikationstechnik gelangen Nachrichten schnell an die Rundfunk- und Fernsehredaktionen. Diese bearbeiten die Neuigkeiten und strahlen sie in Bild, Text und Ton aus.

DAS RADIO
Im Sendestudio hält ein Radiosprecher über Kopfhörer Kontakt mit der Regie. Er kündigt den Zuhörern ein Fußballspiel an und übergibt an den Sportkommentator. Die Spielergebnisse werden mehrmals am Tag durchgegeben.

Im Fernsehen werden Bilder live übertragen oder sie werden aufgezeichnet und später gesendet.

Wie Nachrichten verbreitet werden

DIE PRESSE

Der Fotograf schießt Fotos. Seine Kamera hat ein Teleobjektiv, mit dem er Aufnahmen aus großer Entfernung machen kann. Er ist bei einer Zeitung oder einer Presseagentur beschäftigt, die seine Fotos den internationalen Magazinen anbietet.

Der Zeitungsreporter verfasst einen Artikel, den er selbst auf dem Computer schreibt oder per Telefon weitergibt. Ist er bei einer Presseagentur beschäftigt, wird sein Artikel an verschiedene Zeitungs- oder Fernsehredaktionen weitergeleitet.

In der Zeitungsredaktion wird die Ausgabe von morgen vorbereitet. Der Chefredakteur wählt die Artikel aus, die veröffentlicht werden. Er entscheidet über die Wichtigkeit eines Artikel und an welcher Stelle er in der Zeitung gebracht wird.

Die gesetzten Seiten werden über Computer in die Druckerei weitergegeben. Computer steuern auch die Rotationsmaschinen, welche die Zeitungen drucken.

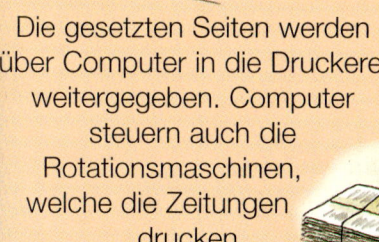

Zeitungen und Zeitschriften

Die Tageszeitung erscheint jeden Tag, in der Regel am Morgen.

Die Wochenzeitung erscheint jede Woche.

Zeitschriften erscheinen meist einmal in der Woche, manche auch nur einmal im Monat.

ZEITUNGSVERTRIEB

Sofort nach dem Drucken werden die Ausgaben verteilt. Den Abonnenten wird ihre Zeitung morgens in den Briefkasten gesteckt oder sie wird mit der Post geschickt. Andere Zeitungsleser kaufen sich am Kiosk oder im Zeitungsladen ein Exemplar. In belebten Vierteln gehen Zeitungsverkäufer abends durch die Straßen und bieten die neueste Ausgabe an.

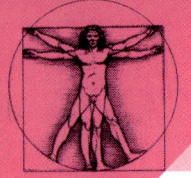

DER MENSCH IM ALLTAG
DER WASSERKREISLAUF

Das Wasser auf unserem Planeten folgt einem ewigen Kreislauf: Als Niederschlag fällt es auf die Erde, als Wasserdampf bildet es neue Wolken. Die Menschen haben einen künstlichen Wasserkreislauf geschaffen, um ihre Bedürfnisse befriedigen zu können. Über tausende Kilometer wird das Wasser in Rohren in die Haushalte, Fabriken und auf die Felder gepumpt. Das Abwasser wird auf demselben Weg abgeleitet und von Schadstoffen gereinigt, damit die Menschen es ohne Gefahr wiederverwenden können.

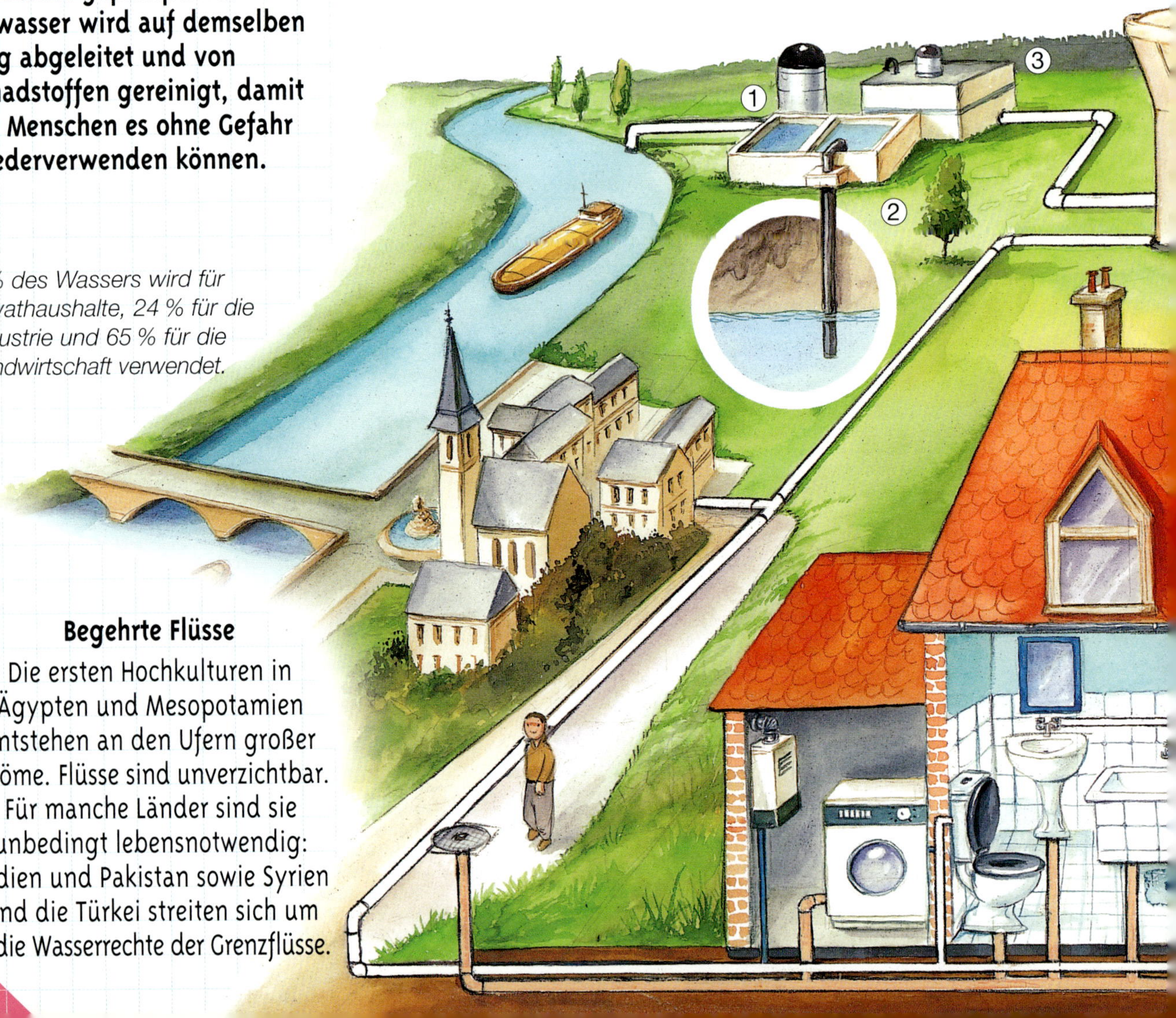

7 % des Wassers wird für Privathaushalte, 24 % für die Industrie und 65 % für die Landwirtschaft verwendet.

Wo kommt das Wasser her?
In den Industrieländern ist die Wasserversorgung einer Stadt so geregelt, dass pro Person täglich 500 Liter Wasser zur Verfügung stehen. Das ist eine ganze Menge!
Pumpstationen ① entnehmen Wasser aus Quellen, Bächen, Flüssen und Talsperren. Aber das reicht noch nicht! Zusätzlich wird über tiefe Brunnen ② das Grundwasser angezapft.

Trinkwasser
Besonders das Flusswasser kann durch Umweltverschmutzung Schadstoffe und Krankheitserreger enthalten! Es wird deshalb in Aufbereitungsanlagen ③ gereinigt. Gitter halten den gröbsten Schmutz zurück. Dann läuft das Wasser durch Filter. Anschließend werden letzte gelöste Stoffe chemisch oder mithilfe von Bakterien entfernt: Es bildet sich Schlamm, der sich am

Begehrte Flüsse
Die ersten Hochkulturen in Ägypten und Mesopotamien entstehen an den Ufern großer Ströme. Flüsse sind unverzichtbar. Für manche Länder sind sie unbedingt lebensnotwendig: Indien und Pakistan sowie Syrien und die Türkei streiten sich um die Wasserrechte der Grenzflüsse.

Wasser ist ein kostbarer Rohstoff

Boden der Klärbecken absetzt. Das gefilterte Wasser wird zum Schluss mit Ozon oder Chlor desinfiziert.

Wasserspeicher

Das Wasser wird in Wassertürmen ④ oder unterirdischen Reservoirs gespeichert. Von dort gelangt es als Trinkwasser in unsere Haushalte. Wenn du den Hahn öffnest, hat es bereits einen langen Weg zurückgelegt!

Kläranlage

Abwasser von Spülmaschinen oder aus der Toilette werden über eigene Rohre zu Kläranlagen ⑤ weitergeleitet. Dort reinigt man es. Erst danach gelangt es in die Flüsse zurück. Auch Fabriken müssen ihr gebrauchtes Wasser von Schadstoffen reinigen, bevor sie es ableiten dürfen. Das Einhalten der Auflagen wird streng kontrolliert.

Nahrungskette

Leitet man Abwässer direkt in die Flüsse, ist die ganze Nahrungskette bedroht. Die Fische nehmen die enthaltenen Bakterien und Schadstoffe auf. Isst der Mensch im Anschluss die Fische, so erkrankt auch er. Bei Tankerunglücken können ausgelaufenes Öl oder andere Schadstoffe Wasserpflanzen und -tiere töten.

☐ Zufluss von Trinkwasser
☐ Abfluss von Abwasser

Wasservorräte in Gefahr

- In 100 Jahren wird sich die Weltbevölkerung verdreifacht haben. Das bedeutet einen 7-mal so hohen Wasserbedarf wie bisher.

- Verschwenderische Industrieländer: Ein Europäer verbraucht täglich 10-mal mehr Wasser als ein Afrikaner.

- Das schnelle Wachstum der Weltbevölkerung bedroht die Wasservorräte unseres Planeten.

- Jeder fünfte Mensch auf der Erde hat kein sauberes Trinkwasser.

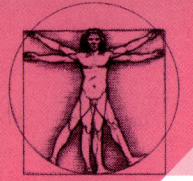

DER MENSCH IM ALLTAG
LEBEN IN DER DEMOKRATIE

Die Demokratie entsteht vor 2500 Jahren in den griechischen Stadtstaaten. Männer und Frauen können die Volksvertreter frei wählen. Diese beschließen Gesetze und regieren das Land. Die Demokratie umfasst neben dem freien Wahlrecht auch das Recht auf Meinungs- und Versammlungsfreiheit. Für alle Bürger gelten die gleichen Gesetze. Heute haben die meisten Länder eine demokratische Verfassung.

Die Freiheitsstatue
Seit 1886 steht diese Statue auf einer kleinen Insel vor dem Hafen von New York und grüßt die Neuankömmlinge. Sie symbolisiert die Freiheit, die mit ihrer Fackel die Welt erhellt. Die Statue erinnert daran, dass die Amerikaner nach der Unabhängigkeitserklärung von 1776 als erste moderne Nation die Demokratie einführten.

Der Bundespräsident
Einige Länder sind Republiken. An ihrer Spitze steht ein Präsident. In Deutschland besetzt dieses Amt der Bundespräsident. Er wird alle vier Jahre gewählt und stellt die oberste Macht in unserem Staat dar. Er repräsentiert die Bundesrepublik nach innen und nach außen.

Der Bundeskanzler
Der Bundeskanzler führt die Regierung. Er wird vom Bundestag gewählt und gehört daher immer der Partei an, die dort am stärksten vertreten ist. Deutschland besteht aus einer Reihe größerer und kleinerer Bundesländer. Während der Bundeskanzler für ganz Deutschland verantwortlich ist, regieren Ministerpräsidenten in den einzelnen Bundesländern.

Das Parlament
Im Parlament sind die Volksvertreter versammelt. In Deutschland heißt das Parlament Bundestag. Er wird alle vier Jahre neu gewählt und ist das gesetzgebende Organ: Er beschließt die Bundesgesetze. An der Gesetzgebung wirkt auch der Bundesrat mit.

Die Macht dem Volke
Das Volk wählt seine Vertreter selbst. In den meisten Ländern dürfen Jugendliche ab 18 Jahren zur Wahl gehen. Die Wahl erfolgt in Wahlkabinen, um das Wahlgeheimnis zu wahren. Zum Schluss werden die abgegebenen Stimmen ausgezählt.

Das Volk lenkt

König oder Königin
Länder wie Spanien oder Großbritannien sind Monarchien. Könige oder Königinnen sind dort das Staatsoberhaupt. Die Krone wird von Generation zu Generation weitervererbt. Heute haben Monarchen immer weniger Macht. Sie erfüllen oft nur noch repräsentative Aufgaben.

Die Regierung
Die Regierung wird aus Ministern gebildet, die für verschiedene Bereiche wie Wirtschaft oder Bildung verantwortlich sind. Sie schlagen im Bundestag Gesetze vor, treffen wichtige Entscheidungen und setzen das Programm um, das ihre Partei im Wahlkampf den Bürgern versprochen hat. Auf den Vorschlag des Bundeskanzlers hin werden die Minister ernannt oder entlassen.

Die Volksvertreter arbeiten Gesetze aus und stimmen über sie ab. Sie legen auch die Ausgaben des Staates im Jahreshaushalt fest. Die Volksvertreter kontrollieren die Arbeit der Regierung und können einen Regierungswechsel herbeiführen: Durch einen Misstrauensantrag kann der Kanzler gestürzt werden.

Der Bürgermeister
Der Bürgermeister steht an der Spitze einer Stadt oder Gemeinde. Auch er wird von den einzelnen Bürgern gewählt. Er trifft wichtige politische und wirtschaftliche Entscheidungen.

DER ÖFFENTLICHE DIENST

Öffentliche Verkehrsmittel
Länder, Städte und Gemeinden sind für den öffentlichen Nahverkehr verantwortlich.

Krankenhäuser
Der Staat unterstützt öffentliche Krankenhäuser mit Geldmitteln.

Post
Der Postdienst liegt in vielen Ländern noch in den Händen des Staates. Die Deutsche Post ist seit 1995 ein selbstständiges Unternehmen.

Schule
In Deutschland sind die einzelnen Bundesländer für die Bildung verantwortlich. Der Schulbesuch ist kostenlos.

Polizei
Die Sicherheit der Bürger muss gewährleistet sein. Polizeibeamte werden vom Land ausgebildet und bezahlt.

Armee
Die Armee untersteht der Regierung. Sie ist verantwortlich für die Verteidigung des Landes.

Fernsehen
Es gibt in den meisten Ländern private und öffentliche Fernsehsender.

Strom und Wasser
Strom, Wasser und Gas werden vom Staat oder auch von privaten Unternehmen zur Verfügung gestellt.

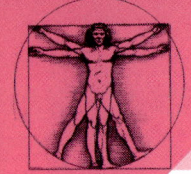

DER MENSCH IM ALLTAG
RECHT UND ORDNUNG

In einer Gemeinschaft müssen sich alle an bestimmte Regeln halten, damit keine Konflikte entstehen. In einem Staat heißen diese Regeln Gesetze. Sie geben vor, wie sich die Bürger zu verhalten haben. Polizei und Gerichte wachen über die Einhaltung der Gesetze. Wer gegen ein Gesetz verstößt, wird bestraft. So werden Recht und Ordnung im Land aufrechterhalten.

Die Waage ist das Sinnbild der Gerechtigkeit: Die Waagschalen sind im Gleichgewicht. Dieses Bild stellt dar, dass für jeden Bürger die gleichen Rechte und Pflichten gelten. Alle müssen die Gesetze beachten und alle Bürger sind vor dem Gesetz gleich.

Gesetzesverstöße

Es gibt größere und kleinere Gesetzesverstöße. Falschparken ist eine Ordnungswidrigkeit und wird mit einer Geldstrafe geahndet.

Wenn man zu schnell fährt oder betrunken am Steuer erwischt wird, fallen die Strafen wesentlich härter aus. Denn so gefährdet man das Leben anderer Verkehrsteilnehmer.

Fremdes Eigentum zu zerstören oder zu stehlen, ist strafbar.

Mord und Drogenhandel werden als Schwerverbrechen verfolgt und entsprechend bestraft.

Die Ermittlung

Straftäter und Verbrecher werden selten an Ort und Stelle gefasst. Eine Ermittlung ist nötig.

Wer bestohlen oder belästigt wird, erstattet Anzeige bei der Polizei.

Die Polizeibeamten befragen Zeugen und suchen nach Beweisen. Sie beobachten den Verdächtigen und verhaften ihn.

Bei einem Verbrechen wird die Untersuchung von einem Untersuchungsrichter geleitet. Die Polizei unterstützt ihn bei der Recherche.

Gesetze für ein friedliches Miteinander

Die Gerichtsverhandlung

Angeklagte, die kleinere Vergehen begangen haben, werden vor ein Amtsgericht gestellt. Verbrechen verhandelt man in der ersten Instanz vor einem Schwurgericht.

Der Staatsanwalt
Die Aufgabe des Staatsanwaltes ist es, die Schuld des Angeklagten nachzuweisen. Am Ende der Verhandlung fordert er eine Bestrafung.

Der Vorsitzende
Der Vorsitzende Richter leitet die Verhandlung.

Die Richter
Zwei Richter nehmen als Beisitzer teil.

Der Angeklagte
Den Ermittlungen nach hat der Angeklagte das Verbrechen begangen. Im Prozess wird seine Schuld oder Unschuld nachgewiesen.

Der Anwalt
Ein Anwalt verteidigt den Angeklagten. Manchmal vertritt er auch die Interessen des Opfers, wenn die Klage privat und nicht über den Staat läuft.

Die Zeugen
Die Zeugen werden von Staatsanwalt und Anwalt befragt. Im Zeugenstand müssen sie wahrheitsgemäß Auskunft geben.

Die Laienrichter
Laienrichter ist die Bezeichnung für ehrenamtliche Richter, die neben dem Berufsrichter mit vollem Stimmrecht mitwirken. Laienrichter sind zum Beispiel im Strafprozess die Schöffen.

Die Strafe

Mit dem Urteil verkündet das Gericht die Strafe, die der Angeklagte abzubüßen hat. Je schwerer das Verbrechen, umso härter die Strafe. Das Höchstmaß der Strafe ist gesetzlich geregelt.

Lebenslange Haft ist die höchste Strafe in Deutschland. Bei Haftstrafen kommt der Verurteilte für eine Zeit ins Gefängnis und wird von Wärtern bewacht. In den Vereinigten Staaten gibt es noch die Todesstrafe.

An wen kann man sich wenden?

Gerichte entscheiden in verschiedenen Streitfällen. Der Familienrichter regelt Scheidungen und legt das Sorgerecht für die Kinder fest.

Der Jugendrichter kümmert sich um Kinder und Jugendliche, die eine Straftat begangen haben. Sie brauchen eine besondere Betreuung.

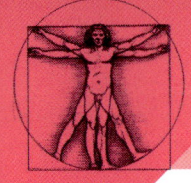

DER MENSCH IM ALLTAG
DIE FEUERWEHR

In der Stadt und auf dem Land schreitet die Berufsfeuerwehr ein, wenn Menschen in Lebensgefahr sind. In vielen Städten gibt es auch eine freiwillige Feuerwehr: Die Feuerwehrleute sind freiwillig im Einsatz und gehen sonst einem anderen Beruf nach. Am Wochenende müssen sie immer per Funk erreichbar sein, für den Fall, dass es einen Einsatz gibt.

Alarm!
In der Feuerwache sind Feuerwehrleute Tag und Nacht einsatzbereit. Wenn ein Notruf eintrifft, machen sie sich sofort auf den Weg. Die freiwilligen Helfer werden über Funk alarmiert.

Einsatzübung
Feuerwehrleute müssen körperlich gut in Form sein. Sie trainieren Ausdauer und Geschicklichkeit, damit sie auch in schwierigen Situationen einsatzbereit sind.

Hochwasser
Die Feuerwehr rettet die Menschen mit Booten oder Hubschraubern aus ihren Häusern, wenn die Flüsse über die Ufer treten. Mit Wasserpumpen legen sie überflutete Keller wieder trocken.

Verkehrsunfälle
Die Feuerwehr räumt nach einem Unfall die Straße wieder frei. Manchmal muss sie Autos aufschneiden, um die Unfallopfer zu retten. Die Verletzten werden in das nächste Krankenhaus gebracht.

Uniform und Ausstattung
Die Feuerwehrleute tragen eine hitzebeständige Jacke und Hose sowie schwere Stiefel. Ein Helm schützt Kopf und Gesicht. Bei Löscheinsätzen sind sie mit einem feuerfesten Anzug, einer Gasmaske und einer Sauerstoffflasche ausgestattet. So schützen sie sich vor dem Feuer und den gefährlichen Gasen, die bei einem Brand entstehen.

Hilfe, es brennt!

Feuerwehrautos

Feuerwehrleute greifen vor allem bei Bränden ein. Feuerwehrautos sind mit einem Hebearm und einer Feuerwehrleiter ausgestattet, sodass die Feuerwehrleute schnell von außen in die oberen Stockwerke gelangen können. Auch ein Erste-Hilfe-Kasten und Bahren für die Verletzten dürfen nicht fehlen.

Ein gefährlicher Beruf

Die Feuerwehrleute nehmen viele Gefahren in Kauf, um bedrohte Menschen zu retten. Brennende Dächer können über ihnen zusammenbrechen, sie können im Rauch ersticken oder Explosionen zum Opfer fallen.

Helfer in der Not

Blockiert ein umgefallener Baum den Verkehr, entweichen giftige Gase, hat ein Mensch einen Stromschlag erlitten oder droht zu ertrinken: Immer ist die Feuerwehr zur Stelle! Die Feuerwehrleute sind gut ausgebildet und können sofort helfen.

Ein großes Einsatzgebiet

Feuerwehrleute greifen immer ein, wenn Menschen in Not sind. Sie helfen etwa, wenn Menschen nach einem Erdbeben in ihren Häusern verschüttet worden sind. Doch sie retten auch verängstigte Tiere von Dächern oder Bäumen.

Wie verhälst du dich bei Feuer?

Zuerst rufst du die Feuerwehr an. Wenn du das Haus nicht verlassen kannst, dann schließt du Fenster und Türen. Dichte sie mit feuchten Tüchern gut ab, damit der Rauch nicht eindringen kann. Mit nassen Taschentüchern auf Mund und Nase atmet es sich leichter. Bald schon kommt die Feuerwehr und hilft dir.

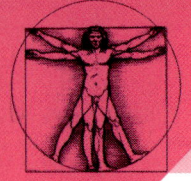

DER MENSCH IM ALLTAG
ERSTE HILFE

Atemnot oder ein Sturz können einen Menschen in Gefahr bringen. Mit ein paar kinderleichten Handgriffen kannst du erste Hilfe leisten, noch ehe der Notarzt eintrifft. Ist der Verletzte jedoch nicht mehr bei Bewusstsein und zeigt keine Reaktion, solltest du ihn auf keinen Fall anfassen oder bewegen. Verständige sofort den Notarzt und bleibe bei dem Verletzten, bis er eintrifft.

Einige Hinweise

1. Passiert vor deinen Augen ein Unfall? Ruhig bleiben! Leiste erste Hilfe, aber begib dich nicht selbst in Gefahr!

2. Befindet sich ein Mensch in den nebenstehenden Notlagen, dann leiste erste Hilfe.

3. Verständige immer so schnell wie möglich den Notarzt. Nenne zunächst die genaue Adresse. Erkläre dann, was passiert ist, ob du erste Hilfe geleistet hast und wie es dem Verletzten geht.

✆ In Deutschland:
Feuerwehr: 112
Polizei: 110
Notruf Österreich: 144
Notruf Schweiz: 144

ATEMNOT

Ein Kind oder ein Erwachsener bekommt keine Luft mehr: Ein Fremdkörper steckt in seinem Hals fest. Auch Husten hilft nicht. Der Mensch kann nicht mehr atmen und droht zu ersticken! Der Fremdkörper muss unbedingt ausgestoßen werden. Versuche Folgendes: Stell dich dicht hinter ihn, lege deine flache Hand auf

seinen Brustkorb und beuge ihn nach vorne. Gib ihm mit der anderen Hand fünf kräftige Schläge zwischen die Schulterblätter. Hat das keinen Erfolg, so stelle dich wieder hinter ihn und umfasse ihn mit beiden Armen. Lege deine Faust auf seinen Magenbereich und verstärke den Griff mit der anderen Hand. Nun drücke kräftig zu dir und nach oben. Wenn das immer noch nicht hilft, wiederhole die Schläge und das Drücken auf den Magen.

OFFENE WUNDEN

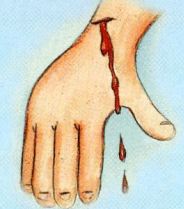

Offene Wunden

Jemand wurde von einem Hund gebissen, hat sich geschnitten oder ist hingefallen. Sein Handgelenk, Arm oder Bein ist verwundet. Der Verletzte ist bei Bewusstsein, blutet jedoch stark. Die Wunde ist sauber und du siehst in ihr keinen Fremdgegenstand. In diesem Fall kannst du selbst helfen, ehe du den Notarzt verständigst. Lege zuerst eine Kompresse oder ein sauberes Taschentuch auf die Wunde, damit du sie nicht verunreinigst. Übe mit den

Handballen oder der Faust starken Druck auf die bedeckte Wunde aus, bis die Blutung stoppt. Lege den Verletzten flach auf den Boden und bette seinen Arm oder sein Bein auf ein Kissen. Wickle einen Verband um die Wunde. Er sollte stramm, aber nicht zu eng sitzen. Dann rufe schnell Hilfe herbei.

Erste Hilfe

VERBRENNUNGEN

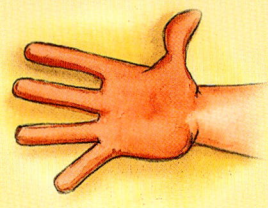

Verbrennungen zieht man sich oft zu Hause zu! Man berührt aus Versehen eine heiße Herdplatte oder kippt einen Topf mit kochendem Wasser um: Die Haut wird rot und heiß. Blasen bilden sich und manchmal löst sich die Haut sogar ab. Eine Brandwunde tut immer ziemlich weh. Auch in weniger schlimmen Fällen sollte man eine Entzündung sofort verhindern: Halte deshalb die Wunde

mindestens fünf Minuten lang unter kaltes, aber nicht eiskaltes Wasser. Dabei sollte die Wunde unbedeckt sein, außer wenn die Kleidung an der Haut festklebt. Brandblasen darf man niemals aufstechen. Handelt es sich um eine schwere Verbrennung, dann bette den Verletzten auf den Rücken. Verständige jetzt den Notarzt!

BRÜCHE

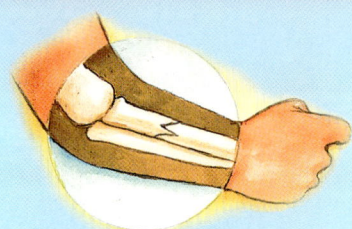

Ein anderer stößt sich, fällt hin, verrenkt sich den Arm oder verstaucht sich den Fuß. Der Verletzte klagt über Schmerzen, kann sich nicht bewegen und die Verletzung schwillt stark an. Vielleicht ist alles halb so schlimm. Doch es können auch Knochen gebrochen oder Gelenke verletzt sein. Deshalb solltest du sofort den Notarzt rufen. Achte vor allem darauf, dass sich der Verletzte nicht bewegt!

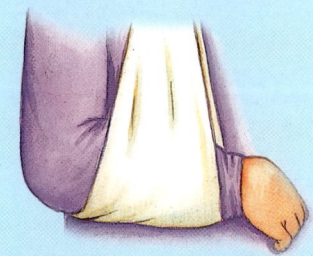

Schütze den Verletzten vor Kälte, Regen oder Sonne, bis der Notarzt kommt. Hat sich der Unfall auf der Straße ereignet, dann bitte Umstehende, die Unfallstelle zu sichern. Versuche den schmerzenden Arm oder das Bein zu stützen, ohne es zu bewegen. Liegt der Verletzte ausgestreckt da, dann stütze seinen Kopf seitlich mit den Händen ab.

Große und kleine Wehwehchen!

Eine Beule auf der Stirn: Lege einen Eisbeutel oder ein kaltes, nasses Tuch darauf. Du kannst auch eine kühlende Salbe auftragen.

Eine Schürfwunde: Wasche dir gut die Hände. Desinfiziere die Wunde mit Seifenwasser oder einer speziellen Tinktur (zum Beispiel Jod). Ein Verband hält die Wunde sauber und verhindert, dass Schmutz eindringt. Hat der Verletzte keine Tetanusimpfung, muss er einen Arzt aufsuchen.

Ein Sonnenbrand: Ein kühlendes Gel beruhigt die verbrannte Haut.

Ein Hitzschlag: Der Betroffene fühlt sich schlecht und sein Gesicht läuft blaurot an. Lege ihn in den Schatten. Kühle Stirn und Nacken mit kalten Umschlägen. Wenn möglich, wedele ihm mit einer Decke kühle Luft zu. Rufe den Notarzt.

Ein Bienen- oder Wespenstich: Versuche niemals den Stachel mit den Fingernägeln oder einer Pinzette zu entfernen, sondern drücke auf den Bereich rund um den Einstich. Meistens schwillt der Stich nur an. Einige Menschen sind gegen Bienen- oder Wespenstiche allergisch: Hier sollte man sofort den Notarzt rufen!

Der Erste-Hilfe-Kurs

Die wichtigsten Handgriffe der ersten Hilfe kann man lernen. Das Rote Kreuz bietet Kurse an: Dort erklärt man dir die notwendigen Handgriffe, die du auch an einer Puppe üben kannst. Das Rote Kreuz bildet international Helfer aus.

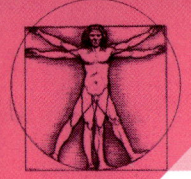

DER MENSCH IM ALLTAG
DIE RELIGIONEN

Rund um den Erdball glauben Männer und Frauen an eine göttliche Kraft, welche die Welt erschuf und das Leben der Gläubigen lenkt. Doch die Religionen unterscheiden sich zum Teil sehr voneinander. Während die Hindus mehrere Götter verehren, glauben Juden, Christen und Muslime nur an einen einzigen Gott: Sie haben eine monotheistische Religion. Jede Religion hat ihre Rituale, ihre Kultstätten und ihre eigene Geschichte.

Alte Religionen

Schon sehr früh glauben die Menschen, dass Götter die Welt erschaffen haben. Ägypter, Griechen und Römer beten viele verschiedene Götter gleichzeitig an. Jeder Gott ist für einen bestimmten Bereich zuständig. Doch sie folgen alle einem obersten Gott. In Ägypten ist dies der Sonnengott Re. In Griechenland heißt der höchste Gott Zeus und in Rom Jupiter.

CHRISTENTUM

Das Christentum ist die Hauptreligion in Europa und auf dem amerikanischen Kontinent. Es ist benannt nach Jesus Christus, der als Sohn Gottes verehrt wird. Christus starb am Kreuz zur Rettung der Menschheit, doch ist er wieder auferstanden. Seine Geschichte ist in den Evangelien festgehalten, die in der Bibel nachzulesen sind. Sie beschreiben das Leben und die Lehre von Jesus Christus.

Das Christentum spaltet sich in drei Gruppen: Katholiken, Orthodoxe und Protestanten. Im Gottesdienst feiern die Gläubigen die Wiederauferstehung Jesu. Sie glauben an ein Leben nach dem Tod im Reich Gottes. Rom ist die heilige Stadt der Katholiken: Hier hat der Papst, das Oberhaupt der katholischen Kirche, seinen Sitz im Vatikan. Die ökumenische Bewegung bemüht sich um die Annäherung der Bekenntnisse.

ISLAM

Diese Religion wird im 7. Jahrhundert n. Chr. von Mohammed in Arabien gegründet. Dort empfängt der Prophet durch den Engel Gabriel das Wort Gottes, der im Islam Allah heißt. Die göttliche Offenbarung ist im Koran, dem heiligen Buch der Muslime, festgehalten. Der Islam ist besonders im Orient, aber auch in Asien, Afrika und Europa verbreitet. Weltweit gibt es etwa 1 Milliarde Muslime.

Die Gläubigen beten 5-mal am Tag in Richtung Mekka, der heiligen Stadt der Muslime. In der Moschee spricht der Imam die Gebete. Er lehrt zudem den Koran. Die Muslime müssen Almosen spenden und im Fastenmonat Ramadan von Sonnenaufgang bis -untergang fasten. Die Pilgerreise nach Mekka ist ein Höhepunkt im Leben der Gläubigen. Der Koran gibt Regeln für das tägliche Leben vor: Gläubige dürfen z.B. kein Schweinefleisch essen.

Unterschiedliche Glaubensrichtungen

JUDENTUM

Das Judentum ist die erste Religion, die nur einen einzigen Gott verehrt. Sie entsteht im 2. Jahrtausend v. Chr. bei den Hebräern. Auf dem Berg Sinai im heutigen Israel empfängt Moses vom Gott Jahwe die Zehn Gebote. Sie sind in der Thora niedergeschrieben. Die Zehn Gebote sind auch für die Christen von Bedeutung, denn die Thora ist im Alten Testament der Bibel enthalten.

Im Jahre 1948 gründen die Juden ihren eigenen Staat: Israel. Viele Juden leben auch in Europa und Amerika. Die Gläubigen versammeln sich in der Synagoge, wo der Rabbi aus der Thora liest. Die Juden warten noch auf den Messias, der die Menschen erlöst. Sie befolgen strenge Essensregeln und nehmen nur koschere (reine) Nahrung zu sich. Jerusalem ist ihre heilige Stadt. Vor der Klagemauer der Stadt beten die Gläubigen.

HINDUISMUS

Der Hinduismus ist in Indien zu Hause. Die ersten heiligen Texte, Weda genannt, stammen aus der Zeit um 1500 v. Chr. Neuere Texte kommen später hinzu. Hindu wird man durch Geburt. Man glaubt an einen höchsten Gott: Brahma. Er regiert die Welt und lenkt die Wiedergeburt des Menschen. Weitere Hauptgötter sind Schiwa und Wischnu, aber es gibt noch viele andere Götter.

Hindus glauben, dass Menschen so lange wiedergeboren werden, bis sie im Leben die höchste Stufe der Vollkommenheit erreicht haben. Einige Hindus ziehen sich deshalb als Eremiten in die Einsamkeit zurück. Sie leben enthaltsam und meditieren, was sie der Erlösung der Seele näher bringt. Andere Hindus pilgern in die heiligen Städte, etwa nach Benares. Ein Bad im heiligen Fluss Ganges reinigt von den Sünden.

BUDDHISMUS

Der Buddhismus ist in ganz Asien verbreitet. Gegründet wird sie im 6. Jahrhundert v. Chr. von Prinz Siddhartha Gautama in Indien. Er wird Buddha, „der Erleuchtete", genannt. Auch die Buddhisten glauben an die Wiedergeburt, doch beten sie keinen eigentlichen Gott an. Nur wer seine Begierden überwindet, kann von der Wiedergeburt erlöst werden.

Ziel der Buddhisten ist das Nirwana, der höchste Ruhezustand: In ihm erlöscht alles Streben und der Kreislauf der Wiedergeburt wird endlich durchbrochen. In den Klöstern meditieren die Mönche, um der Erlösung näher zu kommen. In den Pagoden, den buddhistischen Tempeln, sagen die Gläubigen Mantras, heilige Texte, auf und opfern Buddha Blumen und Düfte. Der Dalai-Lama ist der religiöse Führer der tibetanischen Buddhisten.

GEOGRAFIE
EUROPA

Europa erstreckt sich vom Atlantischen Ozean im Westen bis zum Uralgebirge im Osten, vom Eismeer im hohen Norden bis zu den Stränden des Mittelmeers. Der europäische Kontinent macht nur etwa 7 % der weltweiten Landmasse aus. Doch er verfügt über abwechslungsreiche Landschaften.

Bodenprofil

Vor allem Hügelland und flache Ebenen prägen Nord- und Mitteleuropa. Die Berge dort sind sehr alt und von Wind und Wetter stark abgetragen. Im Süden dagegen finden sich jüngere und höhere Gebirgszüge: Die Alpen bilden eine 1000 km lange Gebirgskette zwischen Nord- und Südeuropa.

Die Pyrenäen stellen eine natürliche Grenze zwischen Spanien und Frankreich dar. Die Karpaten erstrecken sich über 1500 km. Durch die breiten Täler fließen große schiffbare Flüsse. Donau und Rhein bahnen sich ihren Weg durch viele Länder. Erstere mündet in das Schwarze Meer, letzterer in die Nordsee.

1 – In Skandinavien haben vor langer Zeit Gletscher tiefe Täler gegraben, die heute vom Meer überflutet sind: die Fjorde.
2 – Der Montblanc in den Alpen ist 4807 m hoch. 3 – Die Donau ist mit 2850 km der längste Fluss in Mitteleuropa. 4 – Wüste in Spanien. 5 – Der Ätna auf Sizilien. Auch in Island gibt es noch aktive Vulkane.
6 – Mittelmeerküste.

Der kleinste Kontinent nach Australien

Ein gemäßigtes Klima

Das Klima Europas ist angenehm gemäßigt. Westwinde und der Einfluss des Golfstroms bescheren der Atlantikküste milde Winter und nicht zu heiße Sommer. Es regnet häufig, sodass die Pflanzen zu allen Jahreszeiten ausreichend Wasser erhalten. In der Mitte des Kontinents herrscht Kontinentalklima: Die Winter sind kälter und die Sommer trocken und heiß. Nordeuropa wiederum liegt mehrere Monate im Jahr unter einer Decke aus Schnee und Eis. Im Süden herrscht dagegen Mittelmeerklima mit heißen, trockenen Sommern und milden, regnerischen Wintern. Anstelle von Wäldern wachsen dort Büsche und Gräser.

NA SO WAS!

- Der Elbrus im Kaukasus ist mit 5642 m der höchste Berg Europas. Früher war er einmal ein Vulkan.
- Der Ätna ist 3295 m hoch und der größte aktive Vulkan Europas. Er befindet sich auf Sizilien.
- Die Wolga ist der längste Strom: Sie entspringt in der Nähe von Moskau, fließt durch Russland und mündet nach 3590 km ins Kaspische Meer.
- Russland ist das größte Land der Welt. Nur ein Viertel des Gebiets liegt in Europa, der Rest in Asien.
- Die tiefsten Temperaturen in Europa wurden in Russland (−55 °C), die höchsten in Spanien gemessen (51 °C).

GEOGRAFIE
EUROPAS WIRTSCHAFT

Auf dem europäischen Kontinent leben in 44 Ländern rund 735 Millionen Menschen. Das sind mehr als 10 % der gesamten Bevölkerung der Erde. Die meisten Einwohner haben sich in den Städten niedergelassen. Ihre Lebensbedingungen zählen zu den besten der Welt. Denn Europa ist ein reicher Kontinent, wenn auch zwischen den einzelnen Ländern Unterschiede bestehen.

Die Europäische Union
besteht aus 15 Ländern:

Belgien, Dänemark, Deutschland, Finnland, Frankreich, Griechenland, Großbritannien, Irland, Italien, Luxemburg, Niederlande, Österreich, Portugal, Schweden und Spanien.
Innerhalb der EU dürfen die Einwohner frei reisen und Waren können ohne Zoll befördert werden. Elf Länder der Europäischen Union haben bereits eine gemeinsame Währung, den Euro. Die EU wird sich in Zukunft auch auf andere Länder Europas ausdehnen.

Eine große Wirtschaftsmacht
Europa ist zusammen mit den Vereinigten Staaten und Japan eine der größten Wirtschaftsmächte der Welt. Es stellt ein Drittel der weltweiten Waren her und besitzt wertvolle Bodenschätze. Die Bevölkerung ist sehr gut ausgebildet.
Landwirtschaft und Industrie sind hoch entwickelt.

Bodenschätze
Die Rohstoffe Eisenerz, Kohle und Kupfer waren schon zu Zeiten der Industrialisierung wichtig. Das ist die Epoche, zu der sich die Industrie in Europa entwickelte. Als Energiequellen dienen heute überwiegend Erdöl und Erdgas aus der Nordsee oder dem Kaspischen Meer. Aber auch die Atomenergie spielt eine wichtige Rolle.

Ungleichgewicht
Bevölkerungsdichte und Einkommen sind in Europa ungleich verteilt. Während die Niederlande, Belgien, Großbritannien und Deutschland sehr dicht besiedelt sind, leben nur wenige Menschen im Norden Skandinaviens. Osteuropa ist noch nicht so hoch entwickelt wie die Länder der EU. Deshalb sind die Einkommen dort auch deutlich niedriger.

Dienstleistungen
In wirtschaftlich starken Ländern spielen Dienstleistungen eine wichtige Rolle. Diese umfassen Bereiche, in denen keine Waren hergestellt werden: etwa Banken oder Speditionen. Die europäischen Zustelldienste sind weltweit im Einsatz. Die Londoner und Frankfurter Börsen bilden zusammen den Hauptumschlagplatz für Finanzen in Europa.

735 Millionen Einwohner

Hoch über den Wolken

Deutsche, Franzosen, Engländer und Spanier haben zusammen den Flugzeugtyp Airbus entwickelt. Er macht der amerikanischen Boeing Konkurrenz. Im Bereich der Wetter- und Telekommunikationssatelliten steht Europa an der Spitze. Mit der Trägerrakete Ariane werden sie auf ihre Umlaufbahn geschossen.

Weitere Wirtschaftszweige

Europa sticht ebenfalls beim Bau von Autos, Eisenbahnen und Schiffen hervor. Die Europäische Union verkauft ihre Produkte in die ganze Welt. Auch bei der Herstellung und der Ausfuhr von chemischen Substanzen steht sie an erster Stelle.

Landwirtschaft

In Europa werden mit modernen Techniken große Mengen Getreide angebaut, darunter Weizen, Gerste, Roggen, Mais und Hafer. Aber auch Kartoffeln, Zuckerrüben und ölhaltige Pflanzen wie Sonnenblumen oder Soja werden geerntet. Die Mittelmeerländer züchten Gemüse und Obst, vor allem Zitrusfrüchte.

Viehzucht

wird in vor allem im Nordwesten betrieben. Sie liefert Fleisch, Milch, Wolle und Leder.

Die Weinbauern in Frankreich, Italien, Spanien und Deutschland sind in der ganzen Welt für ihren hervorragenden Wein berühmt.

Fischfang wird in den fischreichen Gewässern der Nordsee und des Atlantiks betrieben.

Die weiten Wälder Nordeuropas sind für die Holz- und Papierindustrie wichtig. Hier lohnt sich die intensive Waldwirtschaft.

Tourismus

Die Geschichte hat in vielen Jahrhunderten ein reiches Erbe in Europa hinterlassen. Denkmäler und Museen ziehen Touristen aus der ganzen Welt an. Außerdem locken schöne und vielfältige Landschaften. Italien, Spanien und Frankreich sind beliebte Urlaubsländer.

NA SO WAS!

Das hoch industrialisierte Deutschland ist die führende Wirtschaftsmacht in Europa. Zusammen mit Frankreich, Großbritannien und Italien zählt es zu den sieben höchstentwickelten Ländern der Welt. Frankreich ist nach den Vereinigten Staaten führend in der Erzeugung von landwirtschaftlichen Produkten. Italien steht im Weinbau weltweit an der Spitze. Spanien ist der wichtigste Lieferant von Olivenöl. Russland besitzt die größten Vorkommen an Erdgas. Großbritannien ist einer der größten Fischereistaaten der Erde.

GEOGRAFIE
NORDAMERIKA

Der Norden des amerikanischen Kontinents erstreckt sich vom Nordpolarmeer bis zu den sonnigen Küsten von Florida und am Golf von Mexiko. Er ist so groß, dass er ganz unterschiedliche Klimazonen und Landschaften bietet: die schneeweißen Gletscher Alaskas ebenso wie das Grün der Sumpfgebiete der Everglades in Florida.

Die zehn höchsten Gipfel befinden sich in Alaska.

Weite Ebenen, hohe Gebirge

Zwei Gebirgsketten begrenzen die weiten Ebenen. Im Norden haben Gletscher riesige Seen geschaffen. Durch das Werk von Regen, Wind, Eis und Meer haben sich Buchten gebildet und Inseln vom Festland abgespalten. Im Osten der USA liegen die Appalachen, eine der ältesten Gebirgsketten der Welt. Die Erosion hat im Laufe der Zeit Gestein abgetragen, sodass abgerundete Kuppen entstanden sind. Die gewaltigen Rocky Mountains im Westen Nordamerikas sind jünger und bis zu 6000 m hoch. Eine niedrigere Gebirgskette erstreckt sich entlang der Pazifikküste. Dort gibt es aktive Vulkane, wie etwa den Mount Saint Helens, der 1980 unerwartet ausgebrochen ist.

Der kanadische Wood-Buffalo-Nationalpark beherbergt die größte frei lebende Bisonherde der Welt.

1 – Im hohen Norden. 2 – Sumpfgebiet der Everglades im Süden Floridas. 3 – Bizarre Formationen aus rotem Fels und Sand im Monument Valley, einer Wüste im Südwesten. 4 – Geysir im Yellowstone-Nationalpark. 5 – Der Grand Canyon im Colorado-Gebiet. 6 – Die Rocky Mountains.

24,3 Millionen km² Fläche

Der größte Teil Kanadas liegt nördlich des Polarkreises.

Klima und Pflanzenwachstum

Im größten Teil Nordamerikas herrscht kontinentales Klima mit trockenen, heißen Sommern und kalten, schneereichen Wintern. An das Polargebiet im hohen Norden schließen die Wälder Kanadas an. Hier wachsen – ebenso wie im Norden der Vereinigten Staaten – Nadel- und Laubbäume. In der Mitte Nordamerikas befindet sich eine weite Graslandebene. Früher grasten dort Bisons, heute wird Landwirtschaft in großem Stil betrieben. An der Pazifikküste regnet es im Winter häufig. Im Süden herrscht feuchtwarmes Klima. Hier gedeihen tropische Pflanzen. Häufig treten Wirbelstürme und Tornados auf. In den Wüsten im Südosten ist es sehr heiß. Regen fällt nur selten. Hier wachsen Kakteen, die sich gut an die Trockenheit angepasst haben.

Die Bahamas

700 große und tausend winzige Inseln bilden gemeinsam die Bahamas. Südöstlich von Florida gelegen, entstanden die sehr flachen Inseln durch Korallen. Das sind Meerestiere, die in Kolonien leben. Sterben sie, dann bilden ihre Überreste Kalkinseln.

NA SO WAS!

- Der Mount McKinley (6198 m) liegt in Alaska und ist der höchste Berg Nordamerikas.

- Der Mississippi, der über 3780 km durch die Vereinigten Staaten fließt, ist der drittlängste Fluss der Welt.

- Die fünf Großen Seen, die an der Grenze zwischen Kanada und den Vereinigten Staaten liegen, stellen ein Fünftel des Süßwasservorrats der Erde bereit.

- Die tiefsten Temperaturen wurden mit −66 °C in Grönland, die höchsten mit 57 °C im Death Valley gemessen.

- Der 446 km lange Grand Canyon bahnt sich in Arizona seinen Weg zwischen mehr als 1800 m hohen Felsen.

GEOGRAFIE
DIE WIRTSCHAFT NORDAMERIKAS

Die 300 Millionen Einwohner Kanadas und der USA leben in zwei der reichsten Länder der Erde. Im Laufe des 20. Jahrhunderts steigen die Vereinigten Staaten zur bedeutendsten Wirtschaftsnation auf. Ihr politischer Einfluss gilt weltweit und ist kaum zu überbieten. Aus diesem Grund sind ihre Sprache, Kultur und Lebensweise auch bestimmend für viele andere Länder. Der »American Way of Life« ist rund um den Erdball ein Begriff.

Bodenschätze im Überfluss
Nordamerika verfügt über wichtige Vorkommen an Eisenerz. Auch Kohle, Kupfer, Blei und Zink finden sich. Die geförderten Mengen sind so groß, dass die USA kaum wichtige Rohstoffe einführen müssen. In Alaska und Texas wird auf Bohrstationen nach Erdöl gebohrt. Kanada nutzt seinen großen Reichtum an Wasser und gewinnt Energie aus Wasserkraft.

Industrie
Die amerikanischen Firmengruppen erzielen hohe Gewinne und liefern in die ganze Welt. Die Automobilindustrie im Gebiet der Großen Seen stellt jährlich Millionen Fahrzeuge her. An der Westküste werden Flugzeuge vom Typ Boeing gebaut. Von Kap Canaveral in Florida starten Raketen in den Weltraum. Auch die Textil- und die chemische Industrie spielen eine wichtige Rolle.

Finanzen
Am amerikanischen Dollar wird der Wert der anderen Währungen gemessen. New York ist die Hauptstadt für Finanzen in den USA. Der Börsenhandel an der berühmten Wall Street, wo Aktien gekauft und verkauft werden, bestimmt das Schicksal von Unternehmen und Warenpreise auf der ganzen Welt.

Landwirtschaft in großem Stil
Auf den riesigen Feldern im flachen Mittleren Westen kommen gigantische Maschinen zum Einsatz. Hier wird mehr Mais und Weizen als in jedem anderen Gebiet der Erde angebaut. Auf den großen Ranchs züchtet man Rinder. Dort fangen die Cowboys die Tiere geschickt mit dem Lasso ein.

Sonnenverwöhnte Pflanzen
Florida und Kalifornien sind bekannt für den Anbau von Obst, vor allem von Zitrusfrüchten. In Kalifornien wird außerdem hochwertiger Wein angebaut. Die anderen Südstaaten pflanzen Baumwolle, Reis und Tabak. Sie ernten auch Sojapflanzen und Erdnüsse, aus denen Speiseöl gewonnen werden kann.

Die weltweit größte Wirtschaftskraft

Vorreiter der Technik

In den Vereinigten Staaten werden viele technische Neuerungen entwickelt, wie zum Beispiel die Computertechnik. Im Silicon Valley im Süden von San Francisco haben sich viele Unternehmen angesiedelt, die auf die Herstellung von Computern spezialisiert sind. In Seattle im Nordwesten der USA entwickelt der Firmenriese Microsoft Computerprogramme, die auf der ganzen Welt vertrieben werden.

Made in America

Hollywood in Los Angeles ist die weltweit größte Kinometropole. Hier werden Spielfilme, aber auch Fernsehserien gedreht. Sie werden in Deutsch vertont (synchronisiert) und dann auch in Deutschland gezeigt. Fast Food, Hamburger und Coca-Cola kommen ebenso aus Amerika wie die Sportarten Baseball und Basketball! Der Nationalsport Kanadas ist Eishockey.

Tourismus

Jedes Jahr besuchen 36 Millionen Touristen den größten Vergnügungspark der Welt: Disneyland in Florida. Millionen andere begeben sich in die Kasinos und Spielhöllen von Las Vegas. Die Nationalparks ziehen Naturliebhaber an. Beliebte Reiseziele sind auch die Städte New York und San Francisco sowie die Hauptstadt Washington.

Fischfang und Holzindustrie

Die Gewässer Kanadas sind fischreich und die Fischfabriken erzielen gute Gewinne. Allerdings wurde der Fischfang bereits begrenzt, um zu verhindern, dass das Meer leer gefischt wird. In den großen Wäldern im Norden wird Holz geschlagen, aus dem in den kanadischen Fabriken Papier hergestellt wird.

Einwanderungsland

Die Ureinwohner Nordamerikas, die Indianer, sind heute in der Minderheit. Die Vorfahren der meisten Amerikaner sind in den letzten zwei Jahrhunderten aus Europa eingewandert. Jeder zehnte US-Bürger stammt von afrikanischen Sklaven ab. In den letzten 50 Jahren haben die USA viele Einwanderer aufgenommen.

NA SO WAS!

- Die USA sind der weltweit zweitgrößte Rohöllieferant. Sie verbrauchen allerdings auch am meisten Rohöl!

- In Nordamerika gibt es nicht nur Wolkenkratzer, sondern auch unterirdische Städte: Ville-Marie in Montreal (Kanada) beherbergt 800 Kaufhäuser, 19 Kinos und 110 Restaurants.

- In Las Vegas steht das größte Hotel der Welt: Es hat 30 Stockwerke und 5005 Zimmer.

GEOGRAFIE
SÜDAMERIKA

Auch der Süden des amerikanischen Kontinents erstreckt sich über die verschiedensten Klimazonen. Norden und Mitte liegen in den tropischen Zonen, der Süden reicht bis an den Polarbereich. Die Anden begrenzen die Pazifikküste mit Gipfeln, die oft mehr als 6000 m hoch sind. Im Nordosten dehnen sich die feuchtwarmen tropischen Regenwälder des Amazonas aus. Im Südosten liegen die mit Gras bewachsenen Ebenen Argentiniens.

Mittelamerika
Mittelamerika bildet eine schmale Landbrücke zwischen Nord- und Südamerika. Den nördlichen Teil nimmt das gebirgige und trockene Mexiko ein. Der südliche Teil besteht aus Ländern, in denen tropisches Klima herrscht. Im Karibischen Meer verteilt sich der Inselbogen der Antillen. Sie werden auch Westindien genannt und sind Vulkaninseln.

① Der Amazonas fließt durch die großen Regenwälder. Er entspringt in den peruanischen Anden. Mehr als tausend größere und kleinere Ströme münden in den Amazonas, der sich wiederum in verschiedene Flussarme aufspaltet. Er fließt schließlich in den Atlantik. Die riesige Flussmündung erstreckt sich über 100 km Breite.

② Machu Picchu ist eine alte Inkasiedlung aus dem 15. Jahrhundert und liegt versteckt in 2400 m Höhe in den peruanischen Anden.

③ An der Grenze zwischen Brasilien und Argentinien stürzen sich die Wasserfälle von Iguaçu 72 m in die Tiefe.

④ Im Norden Chiles liegt die Wüste Atacama, eine der trockensten Wüsten der Erde. Hier regnet es nur dreimal im Jahrhundert!

⑤ Die Anden fächern sich in zwei Gebirgszüge auf, die eine Hochebene einrahmen: das Altiplano. Auf 4000 m Höhe herrschen eisige Temperaturen. Der Pflanzenwuchs ist spärlich.

⑥ Die Südspitze des Kontinents besteht aus einer riesigen Eiskappe. Die Gletscher erstrecken sich über 500 km von Patagonien bis Feuerland.

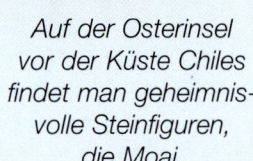

Auf der Osterinsel vor der Küste Chiles findet man geheimnisvolle Steinfiguren, die Moai.

Regenwald, Wüste und Gletscher

Die Regenwälder in Gefahr

Im Norden von Brasilien liegt der Bundesstaat Amazonas, der fast so groß wie Europa ist. Hier befindet sich der größte Regenwald der Welt. Im feuchtwarmen Klima werden die Bäume bis zu 60 m hoch. Unter ihrem Blätterdach leben Millionen von Insekten. Der Artenreichtum an Säugetieren und Süßwasserfischen ist unübertroffen. Doch die Menschen roden den Wald, um Straßen oder Eisenbahnstrecken anzulegen. Im Laufe von 50 Jahren wurde eine Fläche zerstört, die größer ist als Deutschland. Und es wird weiter gerodet: Mit den Bäumen verschwinden auch nützliche Pflanzen, die Heilstoffe enthalten und für Medikamente verwendet werden könnten. Und auch die hier lebenden Amazonasindianer sind bedroht.

Aus allen Teilen der Welt

Von Mexiko bis Peru haben hoch entwickelte indianische Völker (Maya, Azteken und Inka) auf den Hochebenen eindrucksvolle Bauwerke wie etwa Stufenpyramiden hinterlassen. Im 16. Jahrhundert fallen spanische und portugiesische Konquistadoren (Eroberer) ein. Die Europäer bringen schwarze Sklaven aus Afrika nach Südamerika. Später kommen auch asiatische Einwanderer hinzu. Vor allem in Brasilien ist die Bevölkerung sehr gemischt.

NA SO WAS!

• La Paz, die Hauptstadt von Bolivien, liegt auf 3800 m Höhe in den Anden. Keine andere Hauptstadt liegt höher.

• Der höchste Berg der Anden ist der Aconcagua. Er erreicht 6959 m und ist übrigens ein Vulkan.

• Der Titicaca-See ist der höchstgelegene See der Welt, den Schiffe befahren können. Er liegt in 3656 m Höhe.

• Die Wasserfälle von Angel in Venezuela stürzen vom Berg Auyan-Tepui (Teufelsberg) über 979 m in die Tiefe.

• Der Amazonas ist 6000 km lang und stellt ein Fünftel des Trinkwassers der Erde bereit.

• Im Amazonasgebiet wachsen 40 % des weltweiten Baumbestandes.

GEOGRAFIE
DIE WIRTSCHAFT SÜDAMERIKAS

Die Länder Süd- und Mittelamerikas haben eines gemeinsam: Sie sind besonders reich an Rohstoffen. Dazu gehören Bodenschätze wie Erdöl sowie Nutzpflanzen wie Kaffee oder Kakao. Doch die teuren Fertigprodukte der Industrie müssen sie vielfach aus dem Ausland einführen. Brasilien, Chile, Argentinien und Mexiko sind wirtschaftlich höher entwickelt als ihre Nachbarn.

Schwarzes Gold

Mexiko und Venezuela sind die weltweit fünft- bzw. sechstgrößten Förderer von Erdöl. Die Ölvorkommen liegen vor der Küste im Meer und am Ufer des Flusses Orinoko. Erdöl findet sich außerdem im Norden von Ecuador, in Brasilien und Argentinien. Doch Letztere gewinnen Energie vor allem mithilfe von Wasserkraft.

Landwirtschaft für den Eigenbedarf

Die Hälfte der Bevölkerung betreibt Landwirtschaft. Die meisten Bauern besitzen nur kleine Felder. Sie bauen vor allem Mais, Maniok (eine Wurzel) und Bohnen an: Von der Ernte ernähren sie ihre Familie. Manchmal können sie einen kleinen Überschuss auf dem Markt verkaufen. In den Anden halten die Bauern Lamas und Alpakas, die für Fleisch und Wolle sorgen.

Der Panamakanal

Seit 1914 verbindet der Panamakanal Atlantik und Pazifik. Er misst 80 km und wurde am schmalsten Punkt der Landbrücke zwischen Mittel- und Südamerika angelegt. Mehr als 40 Schiffe aus allen Ländern der Erde passieren ihn täglich. So ersparen sie sich die gefährliche Fahrt um das sturmumtoste Kap Hoorn an der Südspitze Südamerikas.

Bergbau

Der Boden Südamerikas ist reich an Mineralien aller Art. Dort, wo die Bodenschätze abgebaut werden, schießen die Städte wie Pilze aus der Erde. In Chile befindet sich die größte Kupfermine der Welt, in Brasilien die größte Eisenmine. Mexiko verfügt wiederum über die größten Salzvorräte weltweit.

Landwirtschaftliche Großbetriebe

Auf großen Plantagen, die reichen Einheimischen oder ausländischen Unternehmern gehören, bauen Feldarbeiter Kaffee, Kakao, Zuckerrohr, Baumwolle oder Bananen an. Die Ernte wird ins Ausland verkauft. Argentinien ist eine der größten Fleischkammern der Erde. In der Grassteppe werden vor allem Rinder und Schafe gezüchtet.

Jeder dritte Südamerikaner lebt in Armut

Wald und Wasser

Atlantik und Pazifik sind sehr fischreich. Die Küstenstaaten verfügen über große Handelshäfen, wo Sardinen, Krabben, Tunfische oder Krebse in die ganze Welt verschifft werden. Der Amazonas-Regenwald verfügt über wertvolle tropische Hölzer. Doch er ist bedroht, denn immer größere Flächen werden gerodet. Mit ihnen verschwinden nützliche Heilpflanzen, aus denen wir die Medikamente der Zukunft gewinnen könnten.

Millionenstädte

Mexiko-Stadt, die mexikanische Hauptstadt, und São Paulo in Brasilien sind mit jeweils über 16 Millionen Einwohnern die zweit- und drittgrößten Städte der Welt. Die Ärmsten der Armen leben in den Elendsvierteln in blechgedeckten Häusern ohne fließendes Wasser. Die Hauptstadt Brasiliens, Brasilia, wurde erst in den 60er-Jahren des letzten Jahrhunderts gegründet. Hier beeindrucken viele moderne Gebäude.

Tourismus

Jährlich besuchen 21 Millionen Touristen Mexiko wegen seiner Mayatempel und der feinen Sandstrände. Auch bei Rio de Janeiro in Brasilien locken berühmte Strände. Der Karneval von Rio ist eine ganz besondere Attraktion! Argentinien liegt eingerahmt von tropischem Regenwald und Gletschern. Es ist das meistbesuchte Land Südamerikas. Auch Chile wird gerne von Touristen besucht.

Europäische Raketen heben vom Weltraumbahnhof Kourou in Französisch-Guayana ab.

Arm und Reich

Es gibt eine große Kluft zwischen den armen und reichen Länder in Südamerika. Doch selbst in den reichen Ländern lebt der größte Teil der Bevölkerung in Armut. Jeder dritte der 500 Millionen Einwohner Mittel- und Südamerikas verdient nicht genügend Geld, um sich ausreichend zu ernähren.

Industrie

In Brasilien, Argentinien und Chile werden in Fabriken Metalle und landwirtschaftliche Güter verarbeitet. Auch Autos oder Kleidung werden hergestellt. Viele US-Unternehmen haben ihre Produktion nach Mexiko verlagert: Dort sind die Arbeitskräfte billiger.

NA SO WAS!

- Der gigantische Staudamm Itaipù an der Grenze zwischen Brasilien und Uruguay erzeugt durch Wasserkraft so viel Energie wie kein anderer Staudamm der Welt.

- In Brasilien werden die größten Mengen Kaffee, Zucker und Orangen angebaut.

- Chile ist der weltweit größte Lieferant von Kupfer und führt nach Peru die drittgrößte Menge an Fisch aus. Auch der Weinanbau spielt eine wichtige Rolle.

GEOGRAFIE
ASIEN

Zwischen dem Uralgebirge, das die Grenze zu Europa bildet, und dem Pazifik liegt der größte Kontinent der Erde. Von Ost nach West muss ein Reisender etwa 11 000 km zurücklegen! In Asien findet man die höchsten Berge der Welt, einige der trockensten Wüsten sowie sehr lange Flüsse. Im Norden dauert der Winter viele Monate. Mit einem Schlitten kann man in dieser Jahreszeit ganz Russland durchqueren. Im Süden herrscht tropische Hitze und in der Regenzeit kommt es zu heftigen Niederschlägen.

① In Sibirien im Nordosten Asiens ist der Boden den größten Teil des Jahres gefroren. Weiter südlich erstreckt sich die Taiga: ein Nadel- und Birkenwald.

② Sand- und Steinwüsten durchziehen Asien. Während die Arabische Wüste trocken und heiß ist, fallen die Temperaturen in der Wüste Gobi im Winter bis auf −25 °C. Sie liegt auf 1000 m Höhe zwischen der Mongolei und China.

③ Der Himalaja an der Grenze zu Indien, China und Pakistan ist der höchste Gebirgszug der Welt. 14 seiner Gipfel sind mehr als 8000 m hoch, darunter der Mount Everest.

④ Der Ganges, der heilige Fluss der Hindus, entspringt im Himalaja. Danach fließt der Strom durch eine weite Ebene und mündet in zahllosen Armen in den Golf von Bengalen.

⑤ In China, Indonesien und Japan wird auf Berghängen Reis in Terrassenfeldern angebaut.

⑥ Bizarr geformte Felsen ragen in Buchten an den Küsten Thailands und Vietnams aus dem Wasser.

Der größte Kontinent

Wasserarmut

Im ganzen Mittleren Osten, von der arabischen Halbinsel bis Afghanistan, herrscht Wasserarmut. Regen fällt selten und die Wasserläufe sind oft ausgetrocknet. Die Einwohner müssen aufwändige Brunnen bohren, um Trinkwasser zu erhalten. Die verschiedenen Staaten streiten sich um die Wasserrechte an den großen Strömen. Einige Länder errichten Staudämme, andere bauen Fabriken, um Meerwasser zu entsalzen.

Hochwasser

Im Südosten Asiens gibt es dagegen Wasser im Überfluss. Die Ströme schwellen durch die Schneeschmelze in den Bergen an. Im Sommer lösen vom Meer kommende Monsunwinde heftige Regenfälle aus. Immer wieder kommt es deshalb zu schweren Naturkatastrophen: Die Flüsse treten über die Ufer und überschwemmen weite Ebenen und Mündungsgebiete.

Erdbeben

Die Oberfläche der Erde besteht aus mehreren Platten, die ständig in Bewegung sind. So schiebt sich etwa die Pazifische Platte jedes Jahr 9 cm weiter unter die Phillipinische Platte. Das löst regelmäßig schwere Erdbeben aus. Im Jahr 1995 verwüstet ein Erdbeben die Stadt Kobe. Dabei kommen 6000 Menschen ums Leben. Die neu erbauten Gebäude der Stadt sind erdbebensicher errichtet.

NA SO WAS!

- Der Mount Everest im Himalaja ist mit 8848 m der höchste Berg der Erde. Er wurde 1953 das erste Mal bestiegen.

- Der Jangtsekiang entspringt in Tibet und ist der längste Fluss Asiens (5980 m).

- In Sibirien wurden die niedrigsten Temperaturen (–68 °C), in der Wüste Negeb in Israel die höchsten Temperaturen (51 °C) gemessen.

- Der Baikalsee in Russland ist der tiefste See der Welt. Er ist 1620 m tief, 636 km lang und zwischen 32 und 74 km breit.

- Der Aralsee in Zentralasien ist im Verschwinden begriffen. Im Laufe von 50 Jahren hat sich seine Oberfläche um die Hälfte verkleinert.

GEOGRAFIE
ASIENS WIRTSCHAFT

In Asien gibt es sehr dicht besiedelte Länder wie China und Indien. Aber auf diesem riesigen Kontinent liegen ebenfalls weite unbesiedelte Gebiete wie Sibirien oder die Arabische Wüste. Auch in Bezug auf den Reichtum gibt es eine große Kluft: Während Japan zu den wohlhabenden Nationen zählt, gehören Bhutan und Bangladesch zu den ärmsten Ländern der Erde.

Erdöl
Der Mittlere Osten von Saudi-Arabien bis zum Iran verfügt über zwei Drittel der weltweiten Erdölvorkommen. Das Geld, das durch den Ölhandel gewonnen wird, hilft den arabischen Staaten und den Ländern Zentralasiens, sich zu entwickeln. Auch Sibirien im Norden von Russland verfügt über große Mengen an Erdöl.

Transportmittel
In den Städten Asiens bewegt man sich im Allgemeinen mit dem Fahrrad fort. Die zweirädrigen Rikschas werden mit dem Fahrrad oder zu Fuß gezogen. Den Zug benützt man für weitere Entfernungen. Japan ist der weltweit größte Autohersteller. Im Schiffsbau steht das Land auf Platz zwei hinter Südkorea. In Baikonur in Kasachstan befindet sich das russische Raumfahrtzentrum.

Menschen und Kulturen
Im westlichen Russland sind die Menschen noch von europäischem Aussehen. Weiter südlich und östlich verändern sich die Gesichtszüge. Die asiatischen Völker haben eine gelbliche oder kupferfarbene Haut sowie geschlitzte Augen. Auch der Reichtum an Kulturen fällt ins Auge: In Asien gibt es zehn Sprachfamilien mit mehreren Ausprägungen. Alle großen Religionen sind in Asien vertreten. Hinduismus, Buddhismus und Islam zählen die meisten Gläubigen.

Kohle aus China
In China stellt Kohle die wichtigste Energiequelle dar: In diesem Land wird die weltweit größte Menge abgebaut. Doch die veralteten Verbrennungsanlagen verschmutzen die Umwelt. China bezieht deshalb über eine Rohrleitung sauberes Erdgas aus Sibirien. Außerdem gibt es ein Jahrhundertprojekt: Ein riesiger Staudamm am Jangtsekiang wird es dem Land ermöglichen, Strom aus Wasserkraft zu gewinnen.

Neue Technologien
Japan, aber auch Singapur, Taiwan, Korea oder Thailand sind heute bedeutende Industrieländer. Sie sind vor allem für elektronische Geräte (Videorekorder, Stereoanlagen, Kameras) und Computer bekannt. Obwohl in Indien 300 Millionen Menschen nicht lesen können, bringt das Land weltweit anerkannte Informatiker hervor.

Der bevölkerungsreichste Kontinent

Kleidung und Spielwaren

Auf den Etiketten von Kleidern oder Spielsachen, die es in Europa oder Amerika zu kaufen gibt, steht oft der Name eines asiatischen Landes. Viele ausländische Firmen lassen ihre Waren preisgünstig in asiatischen Fabriken herstellen, denn dort sind die Produktionskosten viel niedriger. China und Indien verarbeiten große Mengen an Baumwolle und Seide.

Landwirtschaft

Die Landwirtschaft ist der wichtigste Erwerbszweig Asiens. In den Oasen des Mittleren Ostens werden Weizen, Datteln und Oliven angebaut. Reis gedeiht auf überfluteten Reisfeldern in den Monsungebieten Asiens. In China gibt es traditionell eine intensive Nutzung der Anbauflächen. China und Indien liefern die weltweit größten Mengen Weizen und Erdnüsse. Auch die Viehzucht hat eine große Bedeutung.

Tourismus

Vom Bosporus über die Wüsten und den Himalaja bis zur Halong-Bucht in Vietnam stößt man auf faszinierende Landschaften und Kulturen. Die Touristen bestaunen die Chinesische Mauer, die alten Tempel von Angkor in Kambodscha oder das Tadsch Mahal in Indien. In den heiligen Städten Benares, Jerusalem und Mekka finden sich Gläubige und Touristen ein. Die Strände Thailands ziehen sonnenhungrige Urlauber an.

Fischfang

Die Länder Südostasiens sind von langen Küstenstreifen gesäumt. Fisch gehört hier zu den Hauptnahrungsmitteln. Der Fischfang wird auch in größerem Maß betrieben: Auf den japanischen Fabrikschiffen wird der gefangene Fisch sofort verarbeitet und tiefgefroren. In Tokio gibt es den größten Fischmarkt der Welt.

Ausfuhrgüter

Tee, der in Südindien und auf Sri Lanka angebaut wird, ist auf der ganzen Welt bekannt. Er wächst auf großen Plantagen. Auch der Kautschukbaum, dessen Harz sich zu Gummi verarbeiten lässt, wird in Plantagen angebaut. Südostasien ist der weltweit größte Kautschuklieferant.

NA SO WAS!

- China und Indien haben beide jeweils mehr als eine Milliarde Einwohner.
- In Asien befinden sich die meisten Städte mit über 5 Millionen Einwohnern.
- Saudi-Arabien ist vor den Vereinigten Staaten und Russland der weltweit größte Lieferant von Erdöl.
- Indien verkauft nach den Vereinigten Staaten die meisten Computerprogramme ins Ausland.

GEOGRAFIE
AFRIKA

Afrika ist der zweitgrößte Kontinent der Erde. Er erstreckt sich vom Mittelmeer bis an die Spitze Südafrikas, vom Atlantischen bis zum Indischen Ozean über jeweils mehr als 7000 km. In Afrika liegt die größte Wüste der Erde, die Sahara. Im Süden des Kontinents finden sich außerdem die Wüste Namib und die Kalahari. Dazwischen wachsen im Bereich des Äquators große tropische Regenwälder.

Das Atlasgebirge ① in Nordafrika entstand, als sich die Kontinente Afrika und Europa gegeneinander schoben. In der Wüste Sahara ② gibt es nur wenige Wasserstellen: die Oasen ③, die man schon von weitem an den Palmen erkennt. An den Küsten erstrecken sich lange Strände ④, die von Kokospalmen gesäumt sind. Große Flüsse wie der Nil, der Kongo oder der Sambesi ⑤ bahnen sich ihren Weg zum Meer. In der Savanne ⑥ ragen große Affenbrotbäume in den Himmel.

Die Savanne ist das Reich der Giraffen, Elefanten, Gazellen, Löwen, Gnus und Zebras.

Der wärmste Kontinent

Wüste, Sonne und Wald

In Afrika herrschen die höchsten Temperaturen der Welt. Mitten durch den Kontinent verläuft der Äquator. Nördlich und südlich dieser Linie ist das Klima sehr feucht. Das ganze Jahr über ist es brütend heiß und es regnet oft. In Zentralafrika gedeihen die üppigen und immergrünen Regenwälder. Je weiter man sich vom Äquator entfernt, umso tropischer wird das Klima. Einer Trockenzeit von mehreren Monaten folgt eine Regenzeit. In der mit Büschen und Gras bewachsenen Savanne weiden die größten Tiere Afrikas. In den Wüstengebieten im Norden und Süden regnet es selten. Tagsüber ist es dort sehr heiß, nachts dagegen außerordentlich kalt. An den Küsten Nord- und Südafrikas herrscht ein mildes Mittelmeerklima.

NA SO WAS!

- Die Sahara ist die größte Heißwüste der Erde. Sie bedeckt fast ein Zehntel der Fläche Afrikas und gliedert sich in Sand-, Kies- und Steinwüste.
- Der Kilimandscharo ist mit 5895 m der höchste Berg Afrikas. Die drei Gipfel dieses Vulkans sind auch im Sommer von Schnee bedeckt.
- Der Victoriasee im Osten des Kontinents ist der größte See Afrikas und der zweitgrößte Süßwassersee der Welt.
- An den südafrikanischen Victoria-Wasserfällen stürzt der Fluss Sambesi aus 108 m in die Tiefe.
- Der Nil entspringt in Burundi und ist der zweitlängste Fluss der Welt. Er durchfließt 6671 km, ehe er in Ägypten ins Mittelmeer mündet.

Madagaskar ist die viertgrößte Insel der Welt. Sie hat sich vor langer Zeit von Afrika abgespalten. Auf ihr finden sich Vulkane.

GEOGRAFIE
AFRIKAS WIRTSCHAFT

Trotz großer Rohstoffvorkommen lebt die Hälfte der 800 Millionen Afrikaner in Armut. Die meisten Gebiete des Kontinents waren bis in die 60er-Jahre des letzten Jahrhunderts europäische Kolonien. Doch obwohl sie die Unabhängigkeit erhalten haben, können die afrikanischen Staaten in der Weltwirtschaft nur schlecht Fuß fassen: Zusammen haben sie ein Einkommen, das dem Landeseinkommen Belgiens entspricht. Sie handeln vor allem mit Metallen, die im Bergbau gefördert werden, und mit landwirtschaftlichen Produkten, wie Palmöl, Kautschuk, Kaffee und Kakao.

Erdöl

Erdöl findet man in Afrika in der algerischen und libyschen Sahara, in Ägypten, in Nigeria, an der Küste Gabuns, an der Elfenbeinküste und in Angola. Das Erdöl wird in der Regel von großen ausländischen Unternehmen zu Tage gefördert. Doch auch einheimische Raffinerien haben sich in der Nähe der Förderstellen niedergelassen. Sie verarbeiten das Rohöl vor Ort weiter.

Sonderfall Südafrika

Südafrika ist die größte Wirtschaftsmacht des Kontinents. Es baut zahlreiche wertvolle Bodenschätze ab: Gold, Diamanten, Kohle und verschiedene Metalle. Im Gegensatz zu den anderen Ländern hat es selbst eine moderne und breit gefächerte Industrie aufgebaut. In geringem Maße werden auch Konsumgüter hergestellt. Südafrika gehört zu den größten Wollproduzenten der Erde.

Die Völker Afrikas

In Nordafrika leben Berber und hellhäutige Araber. Südlich der Sahara ist die schwarzhäutige Bevölkerung in der Mehrheit. Sie spaltet sich in unzählige Stämme und Völker auf, die tausende unterschiedliche Sprachen sprechen. Im Inneren des Landes leben die Pygmäen, ein Zwergvolk. Die Nachfahren der europäischen Kolonialherren sind vor allem in Südafrika heimisch.

Bergbau

Neben Südafrika gibt es auch in Sierra Leone und an der Elfenbeinküste Gold- und Diamantenminen. Namibia besitzt die weltweit größte Uranmine. Uran wird für Atomkraftwerke benötigt und – ebenso wie die Edelmetalle – meistens im Rohzustand ausgeführt. Per Zug gelangt es zu den großen Handelshäfen wie Dakar im Senegal. In Afrika ist vor allem der Kongo reich an Kupfer, Kobalt und Titan.

Kolonialwaren

Die Lebensmittelfabriken in den afrikanischen Ländern beschäftigen sich vor allem mit dem Herstellen von Öl und Obstkonserven. Die Rohprodukte stammen von den großen Plantagen in den tropischen Gebieten. Dort werden Bananen, Ananas, Kakao, Erdnüsse und Ölpalmen angepflanzt. Auf den Hochebenen Kenias und Ostafrikas gedeihen verschiedene Kaffee- und Teesorten.

Ein reicher Kontinent in Not

Die Düfte Afrikas

Auf den Inseln Madagaskar, Mauritius und Sansibar werden Vanillepflanzen, Gewürznelken und der Ylang-Ylang angebaut. Die Blüten dieses Baumes werden von den europäischen Parfümherstellern verwendet. Im milden Klima Nordafrikas und in den Oasen ernten die Menschen Datteln, Oliven und Zitrusfrüchte. Algerien, Tunesien und Südafrika bauen Wein an.

Viehzucht und Fischfang

Die Peul in Westafrika oder die Massai Kenias sind Hirtenstämme. Mit ihren Rinderherden ziehen sie durch die grasbewachsene Savanne. Die Nomaden der Sahara züchten vor allem Dromedare. Im Norden grasen Ziegen und Schafe. Der Fischfang stellt eine weitere traditionelle Nahrungsquelle dar. Doch wird er nicht in großem Maß betrieben.

Tourismus

Die Pyramiden Ägyptens, die alten Königsstädte Marokkos, die spektakulären Bergdörfer der Dogon in Mali oder die Felsenkirchen Äthiopiens ziehen Scharen von Touristen an. In den Nationalparks Kenias oder Südafrikas kann man auf Fotosafaris die wilden Savannentiere aus der Nähe kennen lernen. Die spektakulären Victoria-Fälle sind ein beliebtes Reiseziel.

Landwirtschaft

Ein großer Teil Afrikas leidet unter Trockenheit und Wasserarmut. Die Brunnen reichen nicht aus, um die Hirsefelder ausreichend zu bewässern. Das Getreide zermahlen die Frauen mit einem langen Stößel unter rhythmischen Schlägen zu Mehl. In den feuchteren Gebieten bauen die Bewohner Reis, Maniok und Ignam an. Letztere sind Knollengemüse wie auch die Kartoffel.

Handwerk

Weberei, Holz- und Lederverarbeitung haben eine lange Tradition in Afrika. Die Schmiedekunst ist bereits seit dem 2. Jahrtausend v. Chr. im Niger heimisch! Die geknüpften Berberteppiche und farbenfrohen westafrikanischen Stoffe werden von den Touristen sehr geschätzt. Handgearbeiteter Schmuck, Schnitzmasken und Holzfigürchen sind ebenfalls beliebte Souvenirs und werden auf den Märkten gehandelt.

NA SO WAS!

- Kairo hat schätzungsweise 13 Millionen Einwohner und ist damit die größte Stadt Afrikas.
- Nigeria ist das am dichtesten besiedelte Land Afrikas.
- Südafrika hat die größten Diamantenvorkommen der Welt. Niger und Namibia besetzen Platz 2 und 3 im Bereich der Uranminen.
- Die Elfenbeinküste ist der weltweit größte Erzeuger von Kakaobohnen.
- Afrika hat nur einen Anteil von 2 % am internationalen Handelseinkommen.

GEOGRAFIE
AUSTRALIEN

Zu Australien gehören die vielen tausend Inseln, die verstreut im Pazifischen Ozean liegen. Die größten sind Neukaledonien, Neuseeland, Neuguinea und natürlich Australien. Australien ist übrigens die größte Insel der Welt.

Australien
Als im 18. Jahrhundert die Europäer eintreffen, ist Australien bereits über 30 000 Jahre von den Aboriginies besiedelt. Die Ureinwohner sind Jäger und Sammler und gut an die schwierigen Lebensbedingungen angepasst. Australien besitzt wie die übrigen Pazifikinseln weiße Sandstrände ①. Das Klima ist heiß und trocken. Hier leben Tiere, die nirgendwo sonst vorkommen, wie das Känguru oder das Schnabeltier.

Neuguinea
Die drittgrößte Insel der Welt ist von Bergen und Vulkanen durchzogen, die über 4500 m hoch sind.

①

②

③

④

Drei Viertel Australiens sind von Wüsten ② bedeckt. Auf der rotfarbigen Erde gedeihen nur ein paar spärliche Grasbüschel. Die Wasserläufe füllen sich nur nach kurzen und heftigen Gewittern. Regen fällt sehr selten. Australien ist sehr flach. Doch im Osten begrenzt eine alte Gebirgskette die Küste. Wind und Wetter haben die ehemals schroffen Gipfel zu abgerundeten Kuppen geformt. Die australischen Berge ③ erreichen nur im Süden mehr als 2000 m Höhe.

AUSTRALI

Ayers Rock

Große Australische Bucht

Indischer Ozean

Am Rande der Wüsten erstreckt sich der australische Busch: Einzelne Akazien, Eukalyptus- und Affenbrotbäume ④ ragen über niedrige Büsche und Gräser hinaus.

Ein Kontinent mitten im Ozean

PAPUA-NEUGUINEA

Neuguinea wird von den Papuas besiedelt, die in Stämmen abgeschieden im Regenwald leben.

Korallensee

Das Große Barriereriff
Vor der Nordostküste Australiens haben Korallen über Jahrmillionen hinweg eine riesige Korallenbank geschaffen, die vielfältige Tierarten beheimatet.

Waldbrände bedrohen im Sommer oft die Eukalyptusbäume, von deren Blättern sich die Koalas ernähren.

Warrego
Balonne
Darling
Murray

Canberra

Neuseeland
Auf Neuseeland und Tasmanien herrscht im Gegensatz zu den anderen Inseln Ozeaniens ein kühles und regnerisches Klima. Neuseeland umfasst zwei Inseln, auf denen hohe Berge thronen. Auf der Nordinsel gibt es viele Vulkane und Geysire, auf der Südinsel dagegen Gletscher. Die Ureinwohner Neuseelands, die Maori, sind polynesischer Herkunft.

Wellington

TASMANIEN   NEUSEELAND

Inseln im Pazifik
Die kleinen Inseln sind durch vulkanische Tätigkeit entstanden. Auf einigen von ihnen erheben sich noch aktive Vulkane. Andere sind Koralleninseln. Sie werden auch Atolle genannt und entstehen, wenn sich ein Vulkankegel aus dem Meer erhebt. An ihm setzen sich im Laufe der Zeit Korallen, kleine Meerestiere, fest. Stürzt der Vulkan später ein, bleibt nur eine Art Korallenkrone zurück. Sie rahmt eine seichte und tiefblaue Lagune ein.

NA SO WAS!
● Mit einer Höhe von 300 m und einer Länge von 2300 km ist das Große Barriereriff das größte Korallenriff der Welt. Man kann es sogar vom Mond aus erkennen!

● Der Murray ist mit 2574 km der längste Fluss. Er durchquert das Tiefland im Südosten Australiens.

● Der höchste Berg steht auf Neuguinea: Der Puncak Jaya erreicht 5030 m.

● Die extremsten Temperaturen wurden in Australien gemessen: –22 °C in Canberra und 53 °C in Bourke.

GEOGRAFIE
DIE WIRTSCHAFT AUSTRALIENS

Durch die Olympischen Spiele, die 2000 in Sydney stattfanden, ist das reiche und moderne Land Australien in aller Munde. Auf der großen, nur dünn besiedelten Insel gibt es viel Platz für die riesigen Schaf- und Rinderherden, die man auch auf Neuseeland kennt. Der Bergbau und der Tourismus sind zwei weitere wichtige Handelszweige. Letzterer spielt besonders für die kleineren Inseln der Südsee eine bedeutende Rolle. Die Touristen schätzen dort das gleichmäßig warme Klima und die ausgedehnten Sandstrände.

In den Städten
In Australien leben neun von zehn Einwohnern in den großen Küstenstädten im Osten und Südosten des Kontinents. Dort sind zwei Drittel der Bevölkerung im Dienstleistungsbereich tätig. Die Industrie ist hoch entwickelt: Firmen stellen Konsumgüter, Hightechgeräte, landwirtschaftliche Nutzmaschinen sowie Autos her. Vieh und Bodenschätze werden von über 60 m langen Lastzügen aus dem Inneren des Landes an die Küste transportiert. Das dünn besiedelte Hinterland wird in Australien Outback genannt.

Moderne Landwirtschaft
Die großen landwirtschaftlichen Betriebe haben sich auch in Gebieten mit wenig Niederschlag angesiedelt. Windräder pumpen das Wasser aus tausenden unterirdischen Brunnen an die Oberfläche. Den größten Teil der Anbauflächen im Südosten beherrschen Weizenfelder. Auch der australische Wein wird heute in die ganze Welt ausgeführt. Im Norden und an der Ostküste fördert das tropische Klima den Anbau von Ananas und Zuckerrohr.

Die Völker Australiens
Bevor im 18. Jahrhundert die Europäer eintreffen, ist Australien bereits 30 000 Jahre von den Aboriginies besiedelt. Im Jahre 1000 lassen sich die Polynesier, ein Seefahrervolk, auf Neuseeland und Tahiti nieder. Die Papuas und Kanaken aus Neukaledonien sind Melanesier.

Schafe über Schafe
In Australien werden die meisten Schafe der Welt gezüchtet. Neuseeland folgt direkt an zweiter Stelle. Dort kommen auf jeden Einwohner 20 Schafe! Wolle und Fleisch sind von hervorragender Qualität und werden in die ganze Welt geliefert. Beide Länder führen auch Rindfleisch aus. Milchprodukte werden im Land verbraucht.

Plantagenwirtschaft
Auf den Plantagen der kleinen pazifischen Inseln gedeihen Kokospalmen. Das weiße Fleisch der Kokosnuss wird an der Sonne getrocknet. Aus der Kokosmilch gewinnt man Pflegeöle für die Kosmetikindustrie. Die rauen Kokosfasern verarbeitet man zu Seilen oder Matten. Auf der Südinsel Neuseelands werden Erdbeeren, Äpfel, Orangen und Kiwis angebaut.

Schätze der Natur

Bergbau

Papua-Neuguinea verfügt über bedeutende Vorkommen an Kupfer, Neukaledonien über viel Nickel. Doch die meisten Bodenschätze hat Australien. In Minen werden dort große Mengen Eisenerz und Bauxit abgebaut. Letzteres benötigt man, um Aluminium herzustellen. Außerdem ist Australien der weltweit zweitgrößte Lieferant von Kohle. Die Vorkommen befinden sich hauptsächlich im Osten des Kontinents.

Die Schätze des Meeres

Fischfang wird schon seit jeher von den Einwohnern Polynesiens betrieben. Die Bewohner Tasmaniens und der Südküste Neuseelands haben sich auf Krustentiere (Garnelen, Langusten und Krabben) spezialisiert. Im Indischen Ozean züchten die Australier Perlmuscheln. Taucher bringen sie vom Meeresboden an die Wasseroberfläche.

Tourismus

Traumstrände locken unzählige Touristen nach Australien, Hawaii, Bora Bora und Tahiti. Im wilden Pazifik kommen Wellenreiter auf ihre Kosten. Die Korallenriffe faszinieren Taucher. Doch viele Touristen interessieren sich auch für die Kultur der Aboriginies, die im Verschwinden begriffen ist. Insgesamt besuchen jedes Jahr etwa 2,5 Millionen Reisende Australien.

Edelsteine und Metalle

Die australischen Wüsten bergen reiche Vorkommen an Gold und Silber. In Minen findet man hier ebenfalls Diamanten und Opale (wertvolle bläuliche Edelsteine). Außerdem werden Uran, Kobalt und Titan abgebaut. Sie finden in der Atomindustrie oder in der Raumfahrt Verwendung.

Schätze des Waldes

Der Regenwald von Papua-Neuguinea wird immer weiter abgeholzt. Die Bäume sind wegen ihres harten Holzes begehrt. Die Pinien Neuseelands finden in der Holz- und Papierindustrie Verwendung. Umweltschützer kämpfen für den Erhalt der Wälder, weil sie wichtig für das ökologische Gleichgewicht sind.

NA SO WAS!

Obgleich Australien das sechstgrößte Land der Erde ist, hat es nur 19 Millionen Einwohner. Allein 4 Millionen leben in der größten Stadt Sydney. Doch die Hauptstadt ist Canberra. Australien führt weltweit die größten Mengen Wolle und Eisenerz aus. Im Bereich Kohle und Gold besetzt das Land den zweiten und dritten Platz.

GEOLOGIE
WIE DIE ERDE ENTSTAND

Vom Weltraum aus gesehen gleicht unser Planet einer blauen Kugel, die an den Polen leicht abgeflacht ist. Man muss 40 000 km zurücklegen, um die Erde entlang des Äquators einmal zu umrunden. Die Erde ist von einer Gashülle, der Atmosphäre, umgeben. Sie schützt uns vor den Sonnenstrahlen, die sehr heiß sind. Außerdem findet sich in ihr Sauerstoff, den die Lebewesen zum Atmen brauchen. Doch unser Planet sah nicht immer so aus wie heute. Bei seiner Entstehung vor 4,5 Milliarden Jahren glich er einem dampfenden Kessel.

Der Urknall

Am Anfang steht ein großer Knall, der Urknall. Forscher sprechen auch vom „Big Bang". Das ist die Geburtsstunde des Universums. Dann beginnt sich eine riesige Wolke aus Staub und Gas um sich selbst zu drehen. In der Mitte leuchtet ein Stern auf: die Sonne. Rund herum bilden sich neun Planeten. Die Erde ist einer von ihnen!

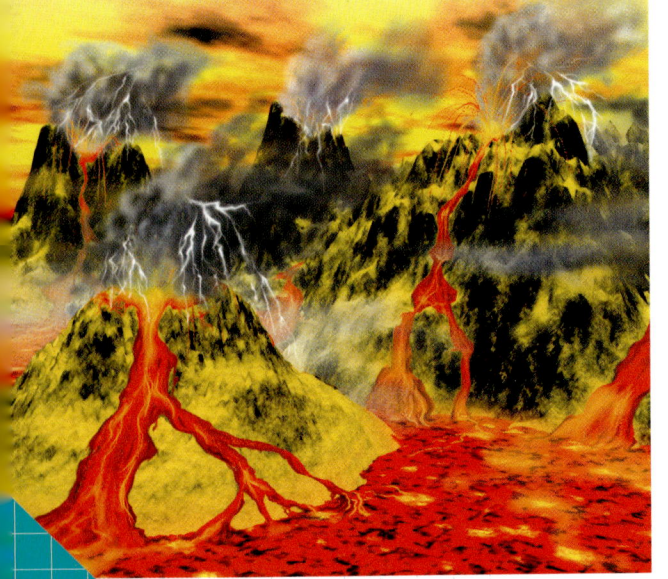

Anfangs schlagen auf der Erde viele Meteoriten ein. Dies sind Gesteinskörper aus dem All. Jeder Aufprall setzt viel Energie frei, welche die Hitze im Inneren der Erde noch verstärkt. Die Hitze entlädt sich an der Oberfläche über unzählige Vulkane.

Wie der Ozean entstand

Kochende Lava und qualmende Vulkane hüllen die Erde ganz in dicke, heiße Wolken ein. Nach und nach wirken die Gase und der Wasserdampf der Vulkane auf die Atmosphäre ein: Die Erde kühlt ab und es regnet beständig. Ein großer Ozean bedeckt den Planeten.

Erste Lebensformen

Im warmen Wasser dieses Ozean entsteht vor 3,5 Milliarden Jahren erstes Leben. Winzige Lebewesen, die man mit bloßem Auge nicht erkennen kann, entwickeln sich: Bakterien und Blaualgen wandeln Kohlendioxid in Sauerstoff um. Der zuerst rote Ozean nimmt eine blaugrüne Farbe an. Der Himmel klart auf. Im Wasser entwickeln sich neue Lebewesen.

Es begann vor 4,5 Milliarden Jahren

Die Kontinentalverschiebung

An der Oberfläche der Erde kühlt die heiße Lava ab, welche von den Vulkanen ausgestoßen worden ist. Sie bildet eine Kruste, so ähnlich wie eine Haut auf heißer Milch. Auf dieser Kruste liegen Ozeane und Kontinente. Vor 150 Millionen Jahren formen sie einen einzigen Block: den Urkontinent Pangäa. Doch die Erde ist ständig in Bewegung. Die Kruste bricht und die Landmassen driften auseinander. Im Jahr legen sie nur wenige Zentimeter zurück. Die Kontinentalverschiebung ist auch heute noch im Gange.

Stoßen zwei Kontinente zusammen, kann dabei Erdmasse zu Bergen aufgefaltet werden. Der Himalaja entsteht, als die indische Landmasse (grün) mit Eurasien zusammenstößt.

Erdschichten

Die Erde kannst du dir wie eine Frucht vorstellen. Die Erdkruste bildet die Schale. Sie ist hart und dick, wird jedoch durch die Bewegungen im Erdinneren verformt. Unter der Schale liegt der Erdmantel, das Fruchtfleisch. Die oberste Schicht ist weich und sehr heiß: Sie ist so heiß, dass Felsen schmelzen. Im Erdkern sind die Temperaturen sogar noch höher. Der Erdkern besteht aus einem festen metallischen Inneren, das von einer flüssigen Außenschicht umgeben ist.

1 - Die Erdkruste ist unter den Kontinenten rund 40 km, unter den Meeren rund 10 km dick. 2 - Im 2900 km dicken Erdmantel entsteht Magma. 3 - Der Erdkern liegt 6378 km unter der Erdoberfläche.

Vom Wasser zum Land

Vor 400 Millionen Jahren besiedeln die Meerespflanzen erstmals das Land. Moose und Farne bedecken die Kontinente. Die ersten Tiere, die den Weg aufs Land wagen, haben noch kein Knochenskelett, aber dünne Beine wie Spinnen. Ihnen folgt später ein entfernter Vorfahre des Frosches, der Ichtyostega.

GEOLOGIE
DIE BERGE

Anfangs ist die Oberfläche der Erde noch glatt und eben. Später faltet sie sich auf und die ersten Berge entstehen. Auf allen Kontinenten thronen Gipfel über Ebenen und Tälern. Manche Berge ragen als einzelne Erhebung auf. Oft aber gruppieren sich die Berge zu Gebirgsketten. Diese können sich über mehrere tausend Kilometer erstrecken.

Alte und junge Gebirge
Die ersten Gebirgsketten entstehen vor rund 400 Millionen Jahren. Wind und Wasser tragen die schroffen Felsformationen allmählich ab. Diese so genannte Erosion schafft abgerundete Bergkuppen und sanft geschwungene Täler. Die jüngsten Gebirge sind am höchsten. Sie entstehen vor knapp 70 Millionen Jahren. Der Himalaja, die Alpen, die Pyrenäen, die Anden und die Rocky Mountains haben scharfkantige Gipfel.

Gletscher
Im Hochgebirge, mehrere tausend Meter über dem Meeresspiegel, schmilzt der Schnee nie, selbst im Sommer nicht. Die Schneemassen türmen sich auf und formen einen Gletscher. In den Alpen sind sie bis zu 800 m dick, in Grönland sogar bis zu 3000 m. Werden die Eismassen zu schwer,

Wie Berge entstehen
Die Erdplatten, welche die Oberflächen der Kontinente bilden, sind ständig in Bewegung. Stoßen sie aneinander, wird die Erdkruste an dieser Stelle zusammengeschoben: Es entstehen Berge.

Vulkane
Magma, flüssiges Gestein, steigt aus den Tiefen der Erde auf und dringt durch Spalten in der Erdkruste nach oben: Vulkane entstehen. Ihre Gipfel nennt man Krater. Bei aktiven Vulkanen tritt hier Lava aus. Bei erloschenen Vulkanen sammelt sich im Krater oft Wasser an und es bildet sich ein See. In der Eifel kann man viele solcher Maare sehen.

400 Millionen Jahre alt

Riesengebirge
Der Himalaja in Asien ist der höchste Gebirgszug der Welt. Mehr als 14 Berge überschreiten dort die 8000-Meter-Marke. Unter ihnen befindet sich auch der Mount Everest, der höchste Berg der Welt. Die längste Gebirgskette liegt in Südamerika: Die Anden erstrecken sich über rund 8000 km.

Berge unter Wasser
Diese Gebirgszüge liegen auf dem Meeresboden. Sie entstehen, wenn sich die Erdplatten der Ozeane bewegen. Zunächst bricht ein Graben auf. Aus ihm tritt Magma aus, das den Graben wieder auffüllt. Der tiefste Meeresgraben ist der Marianengraben im Pazifik (11 000 m).

Berge über Berge:
Mount Everest 8848 m. In den Anden (Südamerika): Aconcagua 6959 m. In den Rocky Mountains (Nordamerika): Mount McKinley 6198 m. In Afrika: Kilimandscharo 5895 m, Hoher Atlas 4165 m. Die Alpen in Europa: Montblanc 4807 m, Matterhorn 4478 m. In den Karpaten: Gerlsdorfer Spitze 2665 m. In Japan: Fudschijama 3776 m. In Australien: Ayers Rock 867 m.

rutscht der Gletscher ab und bewegt sich im Durchschnitt einen Meter pro Tag vorwärts. Besonders gefährlich sind Gletscherspalten. Diese Risse im Eis sind oft von Schnee überdeckt und daher nicht zu sehen. Auch Eisblöcke können unvermittelt niederstürzen. Im Hochgebirge entstehen Seen oft aus geschmolzenen Gletschern.

- 8848 m Mount Everest
- 6959 m Aconcagua
- 6198 m Mount McKinley
- 5895 m Kilimandscharo
- 4807 m Montblanc
- 4478 m Matterhorn
- 4165 m Hoher Atlas
- 3776 m Fudschijama
- 2665 m Gerlsdorfer Spitze
- 867 m Ayers Rock

GEOLOGIE
VULKANE

Auf den Kontinenten, auf Inseln oder sogar auf dem Meeresboden unseres Planeten gibt es tausende Vulkane. Einige sind erloschen, andere können jeden Moment wieder aktiv werden. Manche stellen ununterbrochen eine Bedrohung für den Menschen dar. Vulkanausbrüche sind zerstörerisch, doch nur durch sie wurde Leben auf der Erde überhaupt möglich. Die Erde steht wie ein Dampfkochtopf ständig unter Druck. Vulkane wirken als Sicherheitsventile. Über sie wird Hitze entladen, sodass der Druck im Inneren wieder absinken kann.

Vulkanausbrüche

Im Inneren der Erde drückt die Hitze Felsen nach oben an die kältere Erdoberfläche. Unter der Erdkruste schmelzen sie und werden zu Magma. Das ist eine dickflüssige Masse, die mit heißen Gasen gemischt ist. Das Magma steigt im Schlot des Vulkans hoch und tritt als Lava über den Krater aus. Die Lava ergießt sich als glühender Strom über die Hänge.

Wie Vulkane entstehen

Vulkane entstehen auf verschiedene Weise. Wenn zwei Erdplatten auseinander driften, öffnet sich zwischen ihnen ein Graben. In ihm steigt Magma aus der Tiefe auf ①.

Stoßen zwei Erdplatten zusammen, verformt sich die Erdkruste und bekommt Risse ②. Auch aus ihnen kann Magma austreten.

Manchmal steigt ein Magmastrahl nach oben und durchbricht die Erdkruste ③. Das geschieht, wenn der Druck in der Tiefe zu groß ist.

Ein Feuer speiender Vulkan stößt nicht nur Lava aus, sondern schleudert auch Felsbrocken über große Entfernungen. Zudem treten Asche und Gase aus, die sich zu einer dichten Rauchwolke verbinden. Beim Abkühlen erstarrt die Lava am Kraterrand.

Die Erdplatten

Die Erdkruste besteht aus zwölf Erdplatten, die auf dem Erdmantel schwimmen. Auf ihnen liegen die Kontinente und Meere.
Das Magma bahnt sich aus den Tiefen des Erdinneren seinen Weg zwischen den Erdplatten hindurch. Nach dem Abkühlen bildet das Magma neues Krustenmaterial.

Die Wunderwirkung der Vulkane

Zu Anfang versorgen die Vulkane die Erde mit lebensnotwendigem Sauerstoff und Wasser, indem sie Gase und Wasserdampf ausstoßen. Die Vulkanasche

Es gibt rund 15 000 Vulkane

Die bestehenden Erdplatten werden verschoben. Das nennt man Plattentektonik. Sie hat Vulkanausbrüche und Erdbeben zur Folge. Die Pfeile zeigen die Bewegungsrichtung der Platten an. Die meisten Vulkane liegen auf dem Feuergürtel im Pazifik: Hier treffen die Kontinentalplatten auf die ozeanischen Platten.

macht zudem Böden fruchtbarer und die Landwirtschaft damit sehr ertragreich. Deshalb ziehen es viele Menschen vor, mit der Gefahr zu leben, und lassen sich am Fuße von Vulkanen nieder.

Vulkane unter Wasser

Vulkane unter Wasser speien kein Feuer, sondern stoßen Rauch und Lava aus. Wenn sie aus dem Wasser auftauchen, bilden sie Inseln.

Tritt Lava unter Wasser aus, erstarrt sie schnell in Kontakt mit dem kalten Wasser und nimmt rundliche Formen an die „Kissen" heißen.

Verschiedene Vulkane

Lavavulkane bestehen aus Lava, die schubweise in feurigen Strömen aus dem Schlot geflossen ist. Sie ist beim Abkühlen erstarrt.

Auch in warmen Ländern sind die Gipfel einiger Vulkane immer mit Schnee bedeckt. Bei einem Vulkanausbruch schmelzen Eis und Schnee und vermischen sich mit der Asche.

Lockervulkane entstehen, wenn keine Lava, sondern nur Steine und Asche austreten. Die Asche kann dabei bis zu 20 km in die Luft geschleudert werden. Als graue Schicht bedeckt sie den ganzen Vulkan. Tritt bei einem Ausbruch nur Gas aus, spricht man von einem Gasvulkan.

Durchbricht Magma die Erdkruste, bewegen sich dadurch die riesigen Platten, welche die Außenschale der Erde bilden. Dort, wo die Platten auseinander gezogen werden, entstehen wahre Vulkanketten.

GEOLOGIE
OZEANE UND MEERE

Auf der Erde gibt es vier große Ozeane. Der Pazifik, der auch Stiller Ozean genannt wird, ist der größte: Er ist doppelt so groß wie der Atlantik. Er befindet sich zwischen Asien und Amerika. Der Atlantik wird auf der einen Seite von Amerika und auf der anderen Seite von Europa und Afrika begrenzt. Der warme Indische Ozean befindet sich auf der Südhalbkugel. Der Arktische Ozean ist ein von Festland umgebener Ozean, der den Nordpol bedeckt. Die Temperaturen sind dort so niedrig, dass der Großteil seiner Oberfläche ständig zugefroren ist.

Der Blaue Planet
Vom Weltraum aus gleicht die Erde einer blauen Kugel. Sieben Zehntel ihrer Oberfläche sind von Ozeanen und Meeren bedeckt. Allein der Pazifik nimmt ein Drittel der gesamten Erdoberfläche ein. 95 % der weltweiten Vorkommen an Wasser sind salzhaltig.

Auf dem Meeresboden
Der Meeresboden zeigt beeindruckende Formen. Dort, wo sich ozeanische Platten unter die Erdkruste der Kontinente geschoben haben, sind Tiefseegräben entstanden. Der Boden der Tiefsee liegt manchmal mehr als 6000 m unter dem Meeresspiegel. Gebirgszüge und Gräben formen bizarre Landschaften.

Eismeere
In den Polargebieten friert das Meerwasser im Winter zu Eis. Nur die Eisbrecher bahnen sich ihren Weg durch die Eisschollen. Im Frühling bricht die geschlossene Eisdecke auf. Jetzt spalten sich Eisberge ab und treiben über das Meer. Nur ihre Spitze ragt aus dem Wasser.

Wie Inseln entstehen
Wenn ein unterseeischer Vulkan auftaucht, ist eine Insel geboren. Sinkt der Vulkan wieder ab, bleibt oft nur ein Korallenring zurück. Diesen nennt man Atoll. Andere Inseln sind durch die Kontinentalverschiebung entstanden: Als sich die Erdplatten bewegten, haben sie sich vom Festland abgespalten.

Meeresströme
Mitten durch die Ozeane fließen oft über tausende Kilometer hinweg mächtige Meeresströme. Sie befördern warmes Wasser vom Äquator zu den Polen und kaltes Wasser von den Polen zum Äquator. An der Meeresoberfläche werden die Ströme durch das Einwirken des Windes

7/10 der Erdoberfläche bestehen aus Wasser

Strände und Steilküsten

Wellen haben viel Kraft: Durch stetige Bewegung höhlen sie im Laufe der Zeit Felsen am Meeresufer aus. So schaffen sie schroffe Steilküsten und geschützte Buchten. Sie schleifen auch Steine zu glatten Kieseln und Felsen zu feinem Sand.

Fjorde

In Skandinavien haben Gletscher Gräben in das Land gezogen. Im Bereich der Küste überschwemmt das Meer diese tief eingeschnittenen Täler, die Fjorde. Den norwegischen Trollfjord umgeben mehr als 1000 m hohe Steilwände.

REKORDZAHLEN

Der Marianengraben liegt östlich der Philippinen im Pazifik und ist mit 11 000 m der tiefste Meeresgraben der Welt. Dort stieg der Schweizer Jacques Piccard 1960 mit dem Forschungs-Tauchboot Trieste 10 916 m in die Tiefe hinab.

Die Bay of Fundy an der kanadischen Ostküste hat mit 19,6 m den höchsten Tidenhub (Höhenunterschied der Wasserstände bei Ebbe und bei Flut). Im Toten Meer enthält 1 Liter Wasser 275 g Salz. Die Ostsee hat den geringsten Salzgehalt: weniger als 30 g/l.

Salzwasser

Der Salzgehalt des Wassers hängt von Klima und Strömung ab. Je wärmer es ist, umso mehr Wasser verdunstet: Das Salz bleibt zurück. Meere sind kleiner und nicht so offen wie Ozeane. Deshalb sind sie auch sehr salzhaltig. Den Rekord hält das Tote Meer zwischen Israel und Jordanien. Sein Salzgehalt ist so hoch, dass in ihm kein Leben möglich ist.

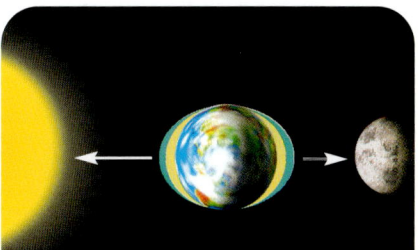

Die Gezeiten

An den Stränden steigt und fällt der Wasserstand in bestimmten Zeitabständen. Ebbe und Flut werden durch die Anziehungskraft von Mond und Sonne hervorgerufen. Dabei hängt es von Form und Tiefe der Meere sowie von der Stellung der Sterne ab, wie stark die Gezeiten ausfallen.

vorangetrieben. In der Tiefe werden sie durch Unterschiede der Temperatur und des Salzgehaltes gelenkt: Kaltes und sehr salzhaltiges Wasser (hellgraue Pfeile) steigt nach oben, während warmes Wasser mit niedrigerem Salzgehalt (orange Pfeile) nach unten sinkt.

GEOLOGIE
SÜSSWASSER

Süßwasser enthält kein Salz und ist trinkbar. Es fällt als Regen vom Himmel, fließt in den Flüssen und kommt aus dem Wasserhahn. Trotzdem ist Süßwasser keine Selbstverständlichkeit. Vier von zehn Menschen leiden an einer unzureichenden Trinkwasserversorgung. 80 Länder der Erde sind von Süßwasserknappheit betroffen. Diese Situation wird sich verschlimmern, denn der weltweite Wasserverbrauch steigt ständig.

Quell des Lebens
Nur 5 % der weltweiten Wasservorkommen ist lebensnotwendiges Süßwasser. Trinkt ein Mensch drei Tage lang nichts, muss er sterben. Auch Tiere und Pflanzen brauchen Wasser, obwohl einige von ihnen lange ohne Flüssigkeit auskommen können.

Polkappen
Mehr als drei Viertel des Süßwasservorrats liegt gefroren in Form von Gletschern vor. An den Polen bilden sich kilometerdicke Eisplatten. Die Eisplatte, die die Antarktis bedeckt, ist 40-mal so groß wie Deutschland. Die Eisschicht verdoppelt sich im Winter. Regelmäßig lösen sich Eisberge von den Gletschern ab. Es gibt Überlegungen, sie in Länder mit Süßwasserknappheit zu transportieren.

Von der Quelle zum Meer
Flüsse entspringen an einer Quelle. Dort tritt Grundwasser an die Erdoberfläche. Flüsse können auch an Gletschern entstehen. Schmilzt das Eis, bilden sich Bergseen. Von dort fließt das Wasser in Bergbächen ab, die sich zu einem großen Strom verbinden. Regen lässt die Wasserläufe anschwellen. Viele Flüsse münden schließlich ins Meer. Dort vermischen sich Süß- und Salzwasser miteinander. Aber in manchen Gebieten sickern Flüsse in die Erde und fließen unterirdisch weiter. In der Wüste verdunstet das Wasser: Die Flusstäler sind oft völlig ausgetrocknet und füllen sich erst wieder, wenn es stark regnet.

Ein wertvolles Gut

Wasserverschmutzung

Landwirtschaft, Industrie und Privathaushalte erzeugen Schmutzwasser, das Schadstoffe enthält. Werden die Abwässer nicht in Kläranlagen gereinigt, gelangen die Schadstoffe ungehindert in die Flussläufe oder sickern durch den Boden und verschmutzen das Grundwasser. Schadstoffe, die in Form von Abgasen freigesetzt werden, gelangen durch den Regen in die Flüsse und verunreinigen sie.

Wasser unter der Erde

Im Laufe der Zeit hat Sickerwasser allmählich unterirdische Höhlen in die Felsen gegraben. Auf diese Weise sind Grotten entstanden, in denen sich Grundwasser sammelt. Dieses ist für den Menschen an natürlichen Quellen oder durch künstlich geschaffene Brunnen zugänglich.

Die Kraft der Flüsse

Ebenso wie Gletscher und Ozeane gestalten auch Flüsse die Landschaft. Treffen sie auf weiche Felsen, schaffen sie breite Täler. Sind die Felsen widerstandsfähiger, graben sie tiefe Schluchten in das Gestein (Bild unten: der Grand Canyon in den Vereinigten Staaten).

NA SO WAS!

In den letzten 20 Jahren hat sich der Wasserverbrauch der Menschen verdoppelt.

Jedes Jahr sterben Millionen Kinder weltweit an Krankheiten, die durch verschmutztes Wasser übertragen werden.

In den Vereinigten Staaten sowie in einigen arabischen Ländern, in denen Wassermangel herrscht, werden Anlagen gebaut, um Meerwasser zu entsalzen.

In einigen Dörfern Chiles hängen die Bewohner an Pfählen Fischernetze auf. Sie sollen die Feuchtigkeit der Meeresluft sammeln.

Zu viel Wasser bedeutet Gefahr!

Wasserarmut ist lebensgefährlich. Aber auch zu viel Wasser kann Katastrophen auslösen. Regnet es sehr stark, schwellen die Flüsse an und treten über die Ufer. Bei Überschwemmungen werden Bäume, Straßen und sogar Häuser mitgerissen.

GEOLOGIE
KLIMAZONEN

Das Wetter ändert sich ständig im Laufe eines Jahres. Deshalb gibt es auch die Wettervorhersage. Doch bestimmte Dinge bleiben immer gleich: An den Polen ist es stets kälter als in den Tropen und bei uns regnet es häufiger als in der Wüste. Es gibt also unterschiedliche Klimazonen auf der Erde. Sie hängen vor allem vom Stand der Sonne sowie von den Bewegungen der Luft und der Meeresströme ab. Zu jeder Klimazone gehören bestimmte Landschaften, Tiere und Pflanzen.

Maritimes Klima
In den gemäßigten Breiten beeinflussen der Ozean und die Meereswinde das Wetter in den Küstenregionen. Südwind bringt Hitze, Westwind dagegen Regen mit sich. Aus diesem Grund regnet es zum Beispiel in England, Irland und Norwegen relativ viel.

Polarklima
An den Polen sind die Winter kalt und lang. Es kann hier bis zu –90 °C kalt werden! Heftige Stürme fegen das ganze Jahr über das Eis. Pflanzen können hier nicht gedeihen. Nur wenige Tierarten können auf dem Packeis leben, etwa der Eisbär.

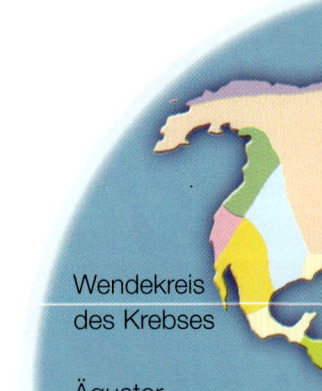

Nordpol

Wendekreis des Krebses

Äquator

Wendekreis des Steinbocks

Kalt und heiß
Eine eiskalte Meeresströmung aus der Antarktis durchquert den Atlantik und gelangt bis an die Südküste Afrikas. Sie sorgt für kühle Temperaturen in der Wüste Namib und bringt Seehunde aus der Antarktis an die sonnige afrikanische Küste.

Mittelmeerklima
Im Süden der gemäßigten Breiten sind die Sommer heiß und trocken. Die Winter dauern nur kurze Zeit. Regen fällt meistens in Form von heftigen Gewitterschauern. Hier wachsen vor allem niedrige Bäume wie Korkeichen und Olivenbäume. Sie überragen eine dichte Strauch- und Buschlandschaft.

Klima am Äquator
In Äquatornähe dauert die Regenzeit das ganze Jahr. Die Luft ist immer feuchtwarm. In den dichten und immergrünen Regenwäldern, etwa am Amazonas, wachsen viele Pflanzenarten. Die Bäume werden sehr hoch, doch die Böden selbst sind nicht sehr fruchtbar: Ihre Nährstoffe sind schnell verbraucht, wenn der Wald abgeholzt wird.

Verschiedene Klimazonen

Kontinentalklima

Im Binnenland sind die Winter kalt und schneereich, die Sommer dagegen heiß und trocken. In den Wäldern am Polarkreis wachsen vor allem Nadelbäume, die sehr gut an die Kälte angepasst sind.

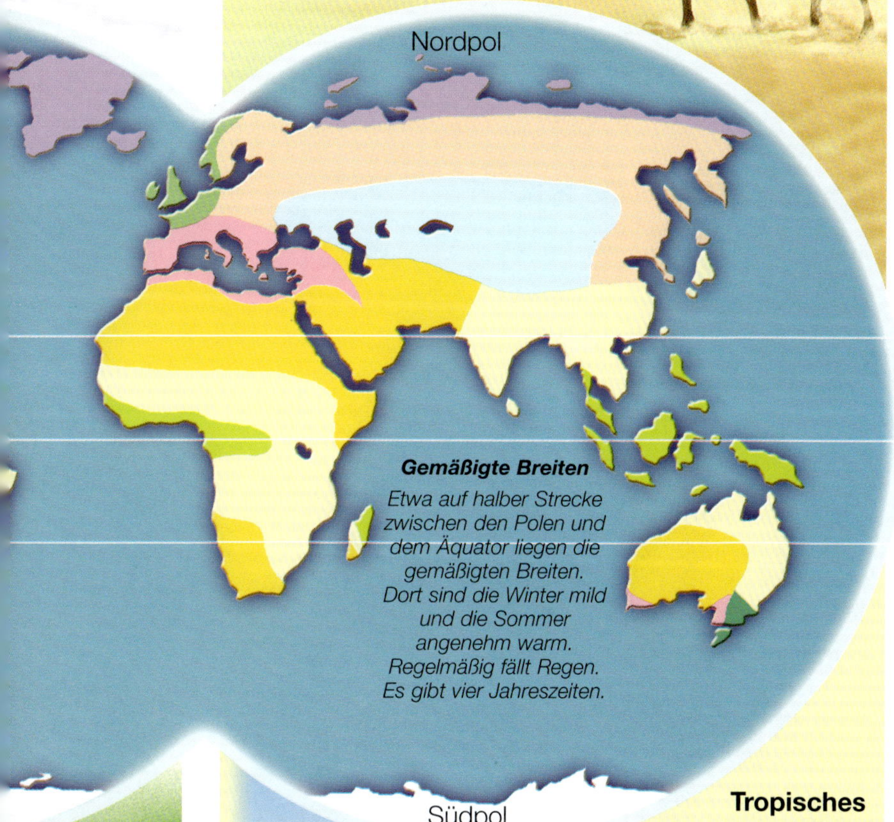

Trockenes und heißes Klima

In den Wüsten fällt nur wenig Regen. Die Hitze lässt das Wasser schnell verdunsten. Am Tag kann es bis zu 50 °C heiß werden, doch nachts fällt das Thermometer auf 0 °C. Pflanzen wachsen nur in den Oasen: Man erkennt sie schon aus der Ferne an den hohen Palmen. Hier versorgen sich Menschen und Tiere an den Brunnen mit Wasser.

Nordpol

Gemäßigte Breiten

Etwa auf halber Strecke zwischen den Polen und dem Äquator liegen die gemäßigten Breiten. Dort sind die Winter mild und die Sommer angenehm warm. Regelmäßig fällt Regen. Es gibt vier Jahreszeiten.

Trockenes und kaltes Klima

In einigen Wüsten wie der Wüste Gobi zwischen China und der Mongolei gibt es heiße Sommer und eiskalte Winter. Die Temperaturen können bis auf −25 °C sinken. Diese Wüsten gehen am Rand in Steppen über. Diese heißen in Südamerika Pampas. Hier weiden Viehzüchter ihre Herden.

Südpol

Tropisches Klima

Die Tropen liegen zwischen den beiden Wendekreisen. Dort ist es das ganze Jahr über heiß. Auf die Regenzeit mit täglichen Niederschlägen folgt die Trockenzeit. Die Bäume und Büsche sind gut an die Trockenheit angepasst. Zwischen den Wäldern erstreckt sich die Savanne: ein Grasland mit Gebüsch und einzelnen Baumgruppen.

123

GEOLOGIE
NATURGEWALTEN

Stoßen kalte und warme Luftmassen zusammen, ist die Wirkung oft verheerend. Heftige Stürme kommen auf, die von sintflutartigen Regenfällen und Sturmfluten begleitet werden können. Diese Erscheinungen sind unterschiedlich stark ausgeprägt, je nachdem wo sie sich ereignen. Meistens aber wirken sie zerstörerisch und richten große Schäden an.

Gewitter

Gewitter entstehen oft nach starker Hitze. Anfangs bildet sich in 10 km Höhe eine dichte Wolkenfront. In ihrem Inneren steigen warme Luftmassen auf und kalte Luftmassen sinken herab. Sie treffen heftig aufeinander. Durch die Reibung der Luft- und Eispartikel entsteht Elektrizität, die sich in Blitzen entlädt.

Vorsicht Blitzschlag!

Der Blitz ist eine elektrische Entladung. Bei einem Gewitter sollte man sich besser in Gebäuden mit Blitzableiter aufhalten: Ein Kupferstreifen leitet die elektrische Ladung in den Boden. Unter freiem Himmel sollte man vereinzelt stehende Bäume meiden.

Zyklone

Zyklone sind tropische Wirbelstürme. Sie entstehen in Tiefdruckgebieten über warmen Ozeanen. Die feuchtwarme Luft steigt schnell nach oben. Der Wasserdampf bildet eine Wolke, die sich zu drehen beginnt. Je schneller die Bewegung, umso weiter entfernt sie sich vom Ort

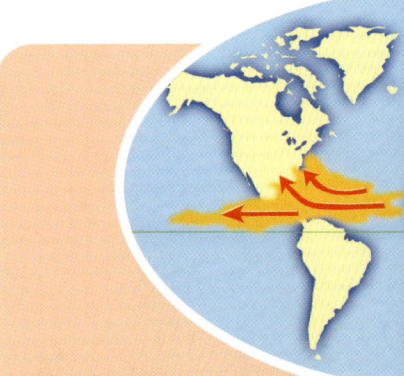

Zyklone bilden sich von Juli bis Oktober über den tropischen Meeren. In dieser Zeit liegt die Wassertemperatur über 27 °C. Zyklone legen in mehreren Tagen viele hundert

Der Himmel tobt

ihrer Entstehung. Im 25 bis 30 km breiten Auge des Zyklons herrscht absolute Ruhe. Der Zyklon bewegt sich mit einer Geschwindigkeit von bis zu 350 km/h. Heftige Regenfälle begleiten die Stürme, die schlimme Verwüstungen anrichten.

Kilometer zurück. In Amerika spricht man von einem Hurrikan, in Asien von einem Taifun. Sie richten großen Sachschaden an und oft fallen ihnen auch Menschen zum Opfer.

Tornados

Tornados sind Zyklonen sehr ähnlich. Doch entstehen sie nicht innerhalb, sondern unterhalb der Wolkendecke. Die aufsteigende Luft dreht sich wie eine Spirale und bildet zwischen Erde und Wolkendecke eine Art Trichter. Dieser Trichter ist mehrere hundert Meter breit. Ein Tornado existiert nur 5 bis 30 Minuten, erreicht jedoch Geschwindigkeiten von bis zu 500 km/h. Sein plötzliches Auftreten richtet verheerende Schäden an. Ereignet er sich auf dem Meer, nennt man ihn Wasserhose.

Monsunregen

In Südasien, etwa Indien und Bangladesch, fallen einmal im Jahr innerhalb weniger Wochen große Mengen Regen. Die Monsunregen gehen im Frühjahr nieder, wenn die Flüsse schon durch das Schneewasser des Himalaja angeschwollen sind. Es kommt regelmäßig zu großflächigen Überschwemmungen.

Trockenheit

In heißen Klimazonen lassen Regenfälle oft mehrere Jahre auf sich warten. Die Wasservorräte schwinden. Menschen und Tiere leiden Durst und die Pflanzen gehen zu Grunde. Deshalb bringt eine Dürre im Allgemeinen auch eine Hungersnot mit sich.

GEOLOGIE
WETTER

Die Erde ist von der Atmosphäre, einer dichten Gashülle, umgeben. Ohne sie gäbe es kein Leben auf unserem Planeten. Die Atmosphäre besteht aus mehreren Schichten und hält gefährliche Sonnenstrahlung ab. Der Großteil der Luft, die wir atmen, stammt aus der untersten Schicht, der Troposphäre. Über den Polen ist sie 10 km, über den Tropen 16 km dick. Die Luftströmungen in der Troposphäre bestimmen unser Wetter.

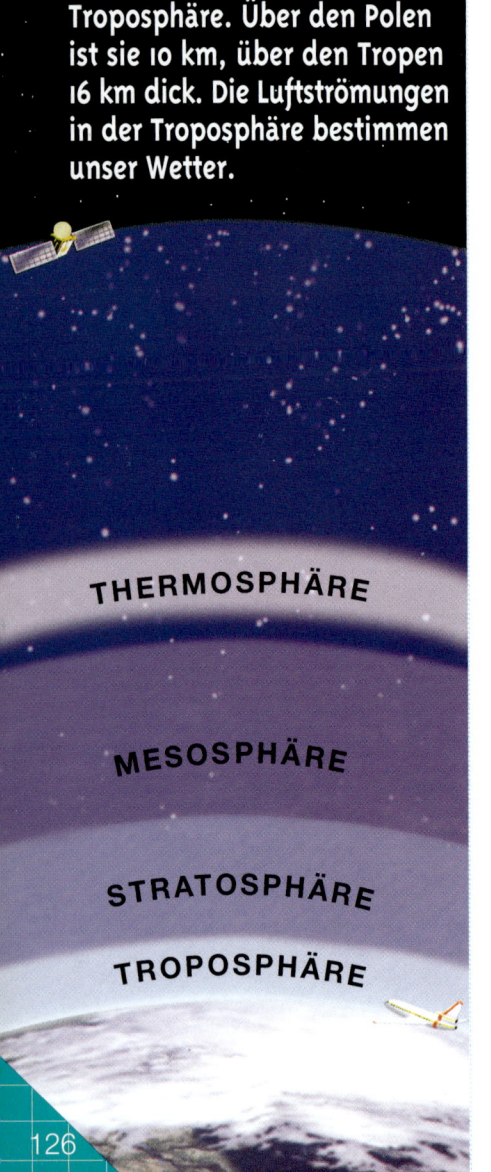

THERMOSPHÄRE

MESOSPHÄRE

STRATOSPHÄRE

TROPOSPHÄRE

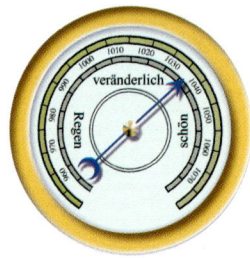

Das Barometer
Damit misst man den Luftdruck. Das ist das Gewicht, mit welchem die Luft auf dem Boden lastet. Steigt die Nadel, gibt es schönes Wetter.

Reif und Tau
Nachts kühlt es ab: Wasserdampf verwandelt sich in Wassertropfen. Ist es kalt, gefriert der Tau zu Raureif.

Regen
Die Feuchtigkeit sammelt sich in der Luft und bildet Wolken. Werden die Tropfen zu dick und schwer, dann fallen sie zur Erde: Es regnet.

Wie das Wetter entsteht
Kalte und warme Luftmassen kreisen um den Erdball. Warme Luft ist leichter und steigt nach oben: Sie führt Wasserdampf mit sich. Große Wolken bilden sich, die in der Höhe abkühlen: Jetzt fällt Regen oder Schnee. Man spricht von einem Tiefdruckgebiet. Kalte und schwere Luft sinkt nach unten. Der Luftdruck steigt. Ein Hochdruckgebiet entwickelt sich, das trockene Luft zur Erde bringt: Die Himmel klart auf. Es gibt schönes Wetter.

Der Wasserkreislauf
Erde und Erdatmosphäre tauschen unter der Einwirkung der Sonne beständig Wasser aus. Jeder Wassertropfen legt eine lange Reise zurück. Die warmen Sonnenstrahlen lassen das Wasser in den Pflanzen und den Ozeanen verdunsten. Es steigt als Wasserdampf nach oben.

Zwischen Himmel und Erde

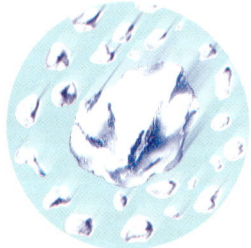

Hagel
Einige Wolken sind an der Unterseite warm, aber an der Spitze kalt. Die Wassertropfen gefrieren und fallen als Eisklümpchen zur Erde.

Schnee
Liegen die Temperaturen in der gesamten Wolke unter 0 °C, verwandeln sich die Wassertropfen in Schneeflocken.

Nebel
Wenn die Sonne am frühen Morgen auf sehr feuchten Boden scheint, verdunstet das Wasser und bildet Nebel.

Wie sich die Erde erhitzt

Die Erde gibt von der empfangenen Sonnenwärme wieder etwas an das Universum ab. Doch ein Teil der Wärme wird in Gase wie Kohlendioxid eingeschlossen und in der Erdatmosphäre festgehalten. Diese heizt sich auf. Man spricht vom Treibhauseffekt. Dank dieses natürlichen Vorgangs liegt die durchschnittliche Temperatur der Erde bei 15 °C. Sonst wären es nur −18° C!

Hoch oben in der Luft kühlt der Wasserdampf ab und bildet Wolken. Diese regnen sich ab oder lassen gefrorenes Wasser als Schnee fallen. Das Wasser speist wieder Gletscher und Flüsse oder sickert durch den Boden ins Grundwasser. Am Ende der Reise fließt das Wasser wieder in die Ozeane.

Der Mensch verstärkt den Treibhauseffekt noch. Fabriken und Autos stoßen Kohlendioxid aus. In der Landwirtschaft wird Methan freigesetzt. Die Temperatur steigt. Die Erwärmung bringt die Polkappen zum Schmelzen. Der Meeresspiegel steigt. Ganze Städte könnten überflutet werden.

GEOLOGIE
BRENNSTOFFE

Zum Beheizen von Häusern, für elektrische Geräte, Maschinen, Autos und Computer brauchen wir Energie. 93 % unseres Energiebedarfs werden durch die Rohstoffe Kohle, Erdöl, Erdgas und Uran gedeckt. Sie entstanden in Jahrmillionen durch Prozesse im Erdinneren. Aber die Vorräte an diesen Energien sind begrenzt. Außerdem wird die Umwelt stark verschmutzt, wenn wir die genannten Rohstoffe einsetzen.

Erdöl

Diese schwarze und klebrige Flüssigkeit ist in unterirdischem Gestein wie in einem Schwamm eingeschlossen. Bohrschächte müssen gegraben werden, um das Öl zu Tage zu fördern. Am Bohrturm ist ein großer Stoßbohrer befestigt.

Erdgas

Wie Erdöl entstand Erdgas als vor Millionen von Jahren winzige Meerespflanzen und -tiere abstarben, sich am Boden ablagerten und dann zersetzten. Bakterien verwandelten sie bei bestimmten Druck- und Temperaturverhältnissen zu Erdgas. Erdgas und Erdöl müssen erst in Raffinerien bearbeitet werden, ehe man sie nutzen kann.

Das Öl wird in Tanklastern transportiert, meistens aber in Rohrleitungen (Pipelines) weiterbefördert. Manchmal verlaufen sie überirdisch, manchmal auf dem Meeresboden oder sogar unterirdisch. Viele Ölquellen liegen unter dem Meeresboden. Deshalb werden Bohrinseln mitten im Meer gebaut.

Die Mannschaft wird mit einem Hubschrauber auf die Bohrinsel gebracht.

Erdöl und Erdgas lassen sich in Brennstoffe verwandeln, mit denen man heizen und Motoren zum Laufen bringen kann. Aus Erdöl wird auch Plastik oder Asphalt hergestellen.

Die Rohstoffe sind begrenzt

Kohle

Kohle entstand, als sich vor langer Zeit abgestorbene Pflanzen zersetzten. Sie wird zum Heizen oder zur Gewinnung von Strom eingesetzt. Der Rohstoff hat sich in Schichten unter der Erdoberfläche abgelagert. Oft muss man bis zu 1000 m tiefe Schächte graben, um an die Vorkommen zu gelangen. Heute wird Kohle mit Maschinen zu Tage gefördert. Die Arbeit unter Tage ist anstrengend: Es ist sehr heiß und das Atmen fällt schwer.

Pumpen saugen Wasser ab, damit die Stollen nicht vom Grundwasser überschwemmt werden.

Atomenergie

In Atomkraftwerken wird aus den Rohstoffen Uran oder Plutonium Strom gewonnen. Uran ist ein Schwermetall und wird in Bergwerken abgebaut, Plutonium dagegen künstlich erzeugt. Den Reaktor des Atomkraftwerks umgibt eine dicke Betonschicht. Dort spaltet man die Atome, die kleinsten Teilchen der Rohstoffe. Man spricht von Kernspaltung. Dabei wird Hitze freigesetzt, die in Strom umgewandelt wird. Mithilfe einer sehr kleinen Menge Rohstoff kann man auf diese Weise viel Energie gewinnen. Außerdem verschmutzt Atomenergie nicht die Luft, wie das Erdöl oder Kohle machen. Doch Atomenergie setzt höchst gefährliche radioaktive Strahlung frei.

Energie von morgen

Sonnenenergie soll mithilfe eines Satelliten, der mit Sonnensegeln ausgerüstet ist, im Weltraum abgefangen werden. Wellen würden die Energie zur Erde leiten. Dieser 600 m hohe Wärmekamin wird 2005 in einer Wüste in Indien aufgestellt. In einer Art Treibhaus aus Plastik sammelt sich die heiße Wüstenluft an. Sie wird zum Kamin weitergeleitet und steigt in ihm nach oben. Der Luftstrom ist so stark, dass er eine Turbine zum Laufen bringen wird. Diese erzeugt Strom.

In den tropischen Meeren könnten bald schon Wärmestationen errichtet werden. Sie erzeugen Strom, indem sie den großen Temperaturunterschied zwischen dem Oberflächen- und dem Tiefenwasser nutzen.

GEOLOGIE
ERNEUERBARE ENERGIEN

Sonne, Wind, Wasser und Pflanzen sind immer verfügbar. Heute setzt man verstärkt auf die Nutzung dieser Energiequellen. Denn eines Tages werden fossile Brennstoffe wie Erdöl und Erdgas aufgebraucht sein. Dann müssen wir bereits über andere Energiequellen verfügen. Außerdem sind die alternativen Energien umweltfreundlicher: Sie verschmutzen nicht die Luft und erzeugen keine schädlichen Abfallstoffe.

Strom sparen!
Die Techniken, alternative Energien zu nutzen, sind noch nicht ausreichend entwickelt, um den weltweiten Bedarf zu decken. Verbrauchen die Menschen doch heute dreimal mehr Energie als noch vor 20 Jahren. Da heißt es: Energie sparen! Man sollte das Licht ausschalten, wenn man aus dem Zimmer geht. Und auch elektrische Geräte sollte man nicht unnötig laufen lassen.

WASSERKRAFT

Fließendes Wasser besitzt erstaunliche Kräfte: Hältst du deine Hand in einen Fluss, so wird sie durch die Strömung bewegt. Früher betrieb man mit Wasserkraft Mühlenräder und mahlte so Mehl. Heute wird mithilfe von Staudämmen aus Wasserkraft Strom gewonnen.

Staudämme werden über Flüsse gebaut, sodass das Wasser nicht abfließen kann und sich staut. Durch Rohre wird es weitergeleitet und treibt beim Fließen Turbinen an, die die Wasserkraft in Strom umwandeln. An den Meeresküsten nutzt man die Kraft von Ebbe und Flut, um in Gezeitenkraftwerken Energie zu gewinnen.

WINDENERGIE

Die Windmühlen werden durch moderne Windräder mit großen Propellerblättern ersetzt. Dank eines Motors stellen sich die Windräder von selbst auf die Windrichtung ein. Sie erzeugen Energie für den privaten oder öffentlichen Bedarf.

In trockenen Gebieten findet man auf dem Land oft traditionelle Windräder mit vielen kleinen Metallblättern. Auf Mallorca oder in Australien pumpen sie durch die Kraft des Windes unterirdische Wasservorräte nach oben und füllen Tiertränken.

Sauber und unerschöpflich

SONNENENERGIE

Das Licht und die Wärme der Sonne machen ein Leben auf der Erde erst möglich. In den so genannten Solaröfen wird Sonnenlicht von riesigen Spiegeln eingefangen. Dadurch entsteht sehr starke Hitze (bis zu 4000 °C), die Wasserdampf und dann Strom erzeugt.

Sonnenkollektoren auf Häuserdächern beheizen private Haushalte oder Schwimmbäder. Das System funktioniert nicht nur in warmen Ländern. Deutschland steht in Europa auf Platz zwei im Bereich Sonnenenergie! Die Solarzellen der Taschenrechner wandeln Sonnenlicht in Energie um.

ERDWÄRME

Geothermische Kraftwerke nutzen die Wärme im Inneren der Erde. In die Tiefe geleitetes Wasser wird durch Erdwärme erhitzt, bis es verdampft. Der Wasserdampf wird zur Stromgewinnung oder zum Heizen eingesetzt.

Auf diese Weise können bis zu 20 000 Wohnungen beheizt werden. Auf der Vulkaninsel Island werden sieben von zehn Wohnungen mit Erdwärme beheizt, ebenso Treibhäuser und sogar Straßen: Warmes Wasser fließt durch unterirdische Rohre und verhindert, dass sich Eis bildet und die Straßen glatt werden.

HOLZ

In armen Ländern wird Holz zum Heizen und Kochen verwendet. In waldreichen Gebieten, wie etwa Kanada oder Nordschweden, nutzt man Holz vor allem für den Bau von Häusern und in der Papierindustrie. Auch Industriekessel werden dort mithilfe von Holz beheizt.

BIOGAS

Wenn tote Pflanzen oder Tiere sich zersetzen, entsteht Bio- oder Faulgas. Es besteht zum Großteil aus brennbarem Methan. Biogas wird zum Beispiel aus Stalldung gewonnen. Man verwendet es vor allem zum Heizen.

DER WELTRAUM
SONNE, ERDE, MOND

In unserem Sonnensystem nimmt die Erde eine Sonderstellung ein: Nur hier gibt es Leben. Das liegt daran, dass die Erde in genau der richtigen Entfernung um die Sonne kreist. Sonnenlicht und -wärme sind weder zu stark noch zu schwach. Die Reise der Erde um die Sonne dauert 365 Tage: Das nennen wir ein Jahr. Der Mond kreist in einem Monat einmal um die Erde.

Das Gesicht des Mondes
Der Mond kreist um die Erde, dreht sich aber gleichzeitig auch um seine eigene Achse. Von unserem Planeten ist also immer dieselbe Seite des Mondes zu sehen!

Mondphasen
Der Mond leuchtet am Nachthimmel, weil er die Strahlen der Sonne wie ein Spiegel zurückwirft. Da der Mond um die Erde kreist, die sich wiederum um die Sonne dreht, ändert sich der vom Mond reflektierte Lichtschein ständig.

Erde und Sonne
Im Laufe der Zeit wandelt sich die Umlaufbahn der Erde: Erst ist sie kreisrund, dann flacht sie ab und wird elliptisch. Deshalb schwankt die Entfernung der Erde zur Sonne. Das hat Auswirkungen auf das Klima.

Der Mond
Der Mond ist viermal kleiner als die Erde und umkreist sie in einer Entfernung von 384 000 km. Das ist verhältnismäßig nah. Deshalb kannst du den Mond schon mit bloßem Auge am Himmel erkennen. Obwohl die Menschen bereits auf dem Mond gelandet sind, weiß man noch nicht genau, wie er entstand. Einige Forscher gehen davon aus, dass der Mond von der Erde abgespalten wurde, als diese mit einem anderen Himmelskörper zusammenstieß.

zunehmender Mond

Halbmond

Vollmond

abnehmender Mond

Neumond

Die Erde dreht sich
Die Erde dreht sich wie ein Kreisel um sich selbst. Für eine ganze Drehung braucht sie 24 Stunden. Durch diese Bewegung folgen auf der Erde Tag und Nacht aufeinander. Während die eine Erdhälfte der Sonne zugewandt ist, liegt die andere in Dunkelheit.

Der Mond kreist in 27 Tagen, 7 Stunden und 45 Minuten um die Erde.

Die Erde kreist in einem Jahr um die Sonne.

Der Mond kreist um die Erde

Klima und Jahreszeiten

Die Erde dreht sich um die Sonne und empfängt deren Strahlen. Im Laufe eines Jahres ändert sich die Entfernung und die Stellung unseres Planeten zur Sonne. Deshalb merken wir, wie sich an einem festen Ort auch die Licht- und Wärmeverhältnisse ändern.

Bei der Tag-und-Nacht-Gleiche im März sind Tag und Nacht gleich lang. Im Norden ist Frühling, im Süden Herbst.

Wir sprechen dann von den Jahreszeiten. Da die Achse der Erde nicht gerade steht, sondern leicht geneigt ist, sind die Nord- und die Südhalbkugel nicht in gleichem Maße den Sonnenstrahlen ausgesetzt. Das bedeutet: Wenn im Norden Winter ist, ist im Süden Sommer und umgekehrt.

Mit der Sonnenwende im Dezember beginnt auf der Nordhalbkugel der Winter. Auf der Südhälfte fängt der Sommer an.

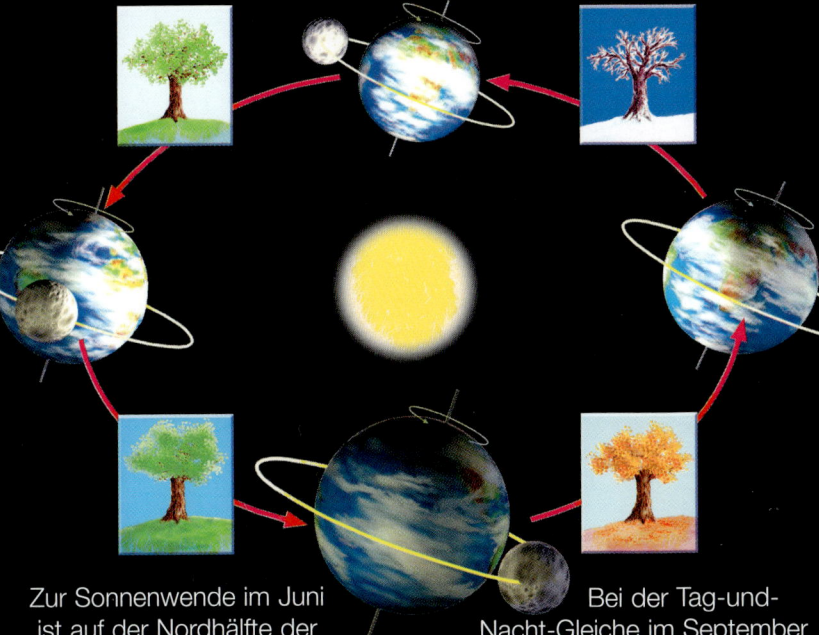

Zur Sonnenwende im Juni ist auf der Nordhälfte der längste Tag im Jahr. Im Süden ist Winter.

Bei der Tag-und-Nacht-Gleiche im September sind Tag und Nacht wieder gleich lang. Im Norden ist Herbst, im Süden Frühling.

Der Äquator

Diese gedachte Linie trennt Nord- und Südhalbkugel. Die Sonnenstrahlen treffen senkrecht auf alle Orte auf dem Äquator. Das erklärt, weshalb es dort besonders heiß ist.

Die Pole

Am Nordpol und am Südpol ist die Erde leicht abgeflacht. Die Sonnenstrahlen treffen dort schräg auf und streifen die Erdoberfläche nur. Sie spenden also wenig Wärme.

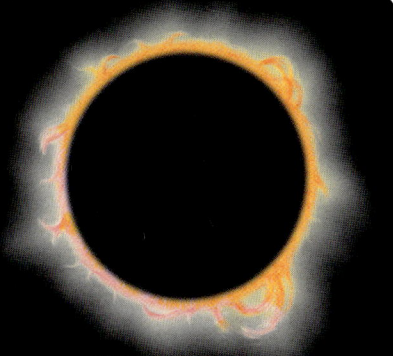

SONNEN- UND MONDFINSTERNIS

Mond, Erde und Sonne spielen manchmal miteinander Verstecken. Da der Mond um die Erde kreist, schiebt er sich in bestimmten Zeitabständen zwischen unseren Planeten und die Sonne. Dann tritt eine Sonnenfinsternis ein. Da der Mond jedoch kleiner als die Sonne ist, bleibt ihr Rand (Korona) noch zu sehen.

Wenn der Mond hinter die Erde tritt, kann die Sonne ihn nicht mehr beleuchten. Er liegt nun im Dunkeln: Man spricht von einer Mondfinsternis.

Sonnenfinsternis   *Mondfinsternis*

DER WELTRAUM
DAS SONNENSYSTEM

Blicken wir zum Himmel, so sehen wir nur einen kleinen Teil des Universums. Sogar die Astronomen können mit ihren leistungsstarken Instrumenten nicht alle Sterne und Planeten erfassen. Das Universum birgt noch viele Geheimnisse. Zum Beispiel weiß man noch nicht genau, wie es überhaupt entstand. Die Forscher glauben, dass vor 10 bis 20 Milliarden Jahren eine große Explosion, der Urknall, stattfand. Vor 4,5 Milliarden Jahren entstand unser Sonnensystem mit seinen neun Planeten. Einer von ihnen heißt Erde.

Saturn
Der Saturn ist einer der vier größten Planeten unseres Sonnensystems. Er ist von farbigen Ringen umgeben, die aus Fels- und Eisabsplitterungen bestehen. Der Planet selbst ist eine Gaskugel, die 9,5-mal größer als die Erde ist.

Mars
Stürme fegen über seine eisige Oberfläche. Sie besteht aus rotem Sand, weshalb man den Mars auch den Roten Planeten nennt. Man nimmt an, dass es früher Flüsse auf dem Mars gab. Sollte heute noch Wasser vorhanden sein, ist es wahrscheinlich unter der Oberfläche eingeschlossen.

Uranus
Der Planet Uranus ist 4-mal größer als die Erde. Wie alle Riesenplaneten besteht auch der Uranus aus einem Felskern, der von einer Hülle aus Gas umgeben ist.

Neptun
Neptun ist so groß wie Uranus. Er ist 4,5 Milliarden km von der Sonne entfernt und braucht für eine Umrundung 165 Jahre! Heftige Stürme fegen mit hoher Geschwindigkeit über seine Oberfläche. Dort herrschen Temperaturen um −230 °C.

Die Milchstraße
Die Milchstraße ist unsere Galaxie. Sie besteht aus einer riesigen Gas- und Staubwolke, in der sich viele tausende Sterne befinden, darunter die Sonne und die Planeten. Auch die Galaxie dreht sich um sich selbst und hat dabei die Form einer Scheibe angenommen.

Pluto
Pluto ist der kleinste Planet des Sonnensystems (er ist 5-mal kleiner als die Erde) und am weitesten von der Sonne entfernt. Er wurde erst 1930 entdeckt und ist bislang unerforscht.

Jupiter
Jupiter ist der größte Planet des Sonnensystems. Sein Durchmesser ist 11-mal so groß wie der der Erde. Er besteht hauptsächlich aus Gas. Stürme fegen ständig über die Oberfläche des Planeten, den 16 Monde (Satelliten) umkreisen, darunter Io. Auf Io gibt es aktive Vulkane.

Vor 10 bis 20 Milliarden Jahren

DIE SONNE
Rund um diesen großen Stern (110-mal so groß wie die Erde) bildete sich das Sonnensystem. Die Sonne ist eine sehr heiße Gaskugel: In ihrem Inneren herrschen Temperaturen von 15 Millionen °C! Die Sonne gibt Energie an die anderen Planeten ab.

Die Erde
Unser Planet ist 150 Millionen Kilometer von der Sonne entfernt und steht ihr damit am drittnächsten. Die Erde ist der fünftgrößte Planet des Sonnensystems und besteht im Inneren aus Felsen. Nur auf der Erde gibt es überirdisch Wasser!

Merkur
Dieser kleine Planet kreist in nur 88 Tagen um die Sonne. Er ist der Sonne so nah, dass Eisen an seiner Oberfläche schmelzen würde. Der Merkur besteht aus einem Eisenkern, der von Felsen umschlossen ist. Die Oberfläche ist voller Krater.

Venus
Auf der Venus herrschen noch höhere Temperaturen als auf dem Merkur! Der Planet ist ungefähr so groß wie die Erde und von Vulkanen bedeckt, die Gase ausstoßen. Die Gase werden in der Atmosphäre des Planeten wie in einem Treibhaus festgehalten und erhitzen ihn.

Asteroidengürtel
Zwischen den Bahnen des Mars und des Jupiters kreisen unzählige Gesteinskörper: riesige Felsblöcke ebenso wie Staubkörner. Man nennt sie Asteroiden.

Meteoriten
Fällt ein Asteroid auf einen Planeten herab, spricht man von einem Meteoriten. Er schlägt einen Krater in die Oberfläche des Planeten und schleudert glühend heiße Steine über viele Kilometer. Kleinere Meteoriten verglühen beim Eintritt in die Atmosphäre der Erde: Dann sehen wir Sternschnuppen!

Kometen
Kometen sind Sterne aus Fels und Eis, die am Rande des Sonnensystems kreisen. Nähert sich ein Komet der Sonne, dann schmilzt das Eis und Staubkörner lösen sich ab. Wir nehmen sie dann als Schweif des Kometen am Himmel wahr.

DER WELTRAUM
DAS UNIVERSUM ERFORSCHEN

Das ist ein alter Menschheitstraum: die Sterne des Weltraums, die man durch Ferngläser beobachtet, einmal ganz aus der Nähe zu sehen. Deshalb baut man leistungsstarke Raketen, die die Anziehungskraft der Erde überwinden können. Im Weltraum herrscht Schwerelosigkeit: Der Körper hat kein Gewicht mehr und schwebt im Raum. Astronauten müssen ein hartes Training absolvieren, ehe sie sich ins Universum begeben.

Piep, Piep, Sputnik!
Am 4. Oktober 1957 empfangen die Radiosender ein seltsames Geräusch. Es stammt von Sputnik 1: Die Sowjetunion hat den ersten künstlichen Satelliten ins All geschossen. Sputnik 1 ist eine Metallkugel von 58 cm Durchmesser. Einen Monat später umkreist Sputnik 2 mit der Hündin Laika an Bord die Erde.

Amerikaner im Weltraum
Am 20. Februar 1962 kontern die Amerikaner: Die Rakete Atlas schießt die Raumkapsel Mercury ins All. Der Astronaut John Glenn ist an Bord. In 4 Stunden und 55 Minuten umkreist er 3-mal die Erde.

In der Kabine der Mercury ist wenig Platz. John Glenn trägt einen Astronautenanzug und sitzt auf einem Schleudersitz. Er atmet reinen Sauerstoff ein.

Tritt die Raumkapsel wieder in die Atmosphäre der Erde ein, dann öffnen sich Fallschirme, um den Fall abzubremsen. Juri Gagarin landet auf einem Feld, John Glenn mitten im Meer.

Jules Verne
Etwa ein Jahrhundert bevor die Mondfahrt Wirklichkeit wird, schreibt Jules Verne im Jahr 1865 den Zukunftsroman »Von der Erde zum Mond«. Darin beschreibt er bereits, wie drei Menschen mit einer Art Rakete zum Mond fliegen.

Menschen im Weltraum
Am 12. April 1961 befördert eine sowjetische Rakete den ersten Menschen ins Weltall: An Bord der Raumkapsel Wostok 1 umkreist Juri Gagarin in mehr als 200 km Höhe die Erde. Er braucht dafür genau 108 Minuten.

Abenteurer des 20. Jahrhunderts

AUF ZUM MOND!

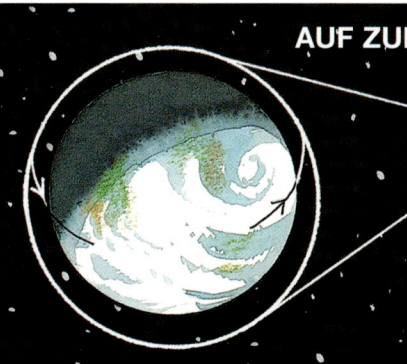

Die Apollo-Expedition

Nur acht Jahre, nachdem der erste Mensch in den Weltraum startete, betritt der Amerikaner Neil Armstrong den Mond. Die Apollo-Expedition ist gut vorbereitet. Für die 380 000 km lange Reise bauen die Amerikaner eine Riesenrakete mit drei Brennstufen: Saturn V. Mit unbemannten Weltraumsonden erkundet man zuvor, ob eine Landung auf dem Mond überhaupt möglich ist. Ehe die Astronauten vom Weltraumbahnhof abheben, durchlaufen sie ein anstrengendes Training. An Weihnachten 1968 umkreist zum ersten Mal ein bemanntes Raumschiff den Mond.

Auf dem Mond

Am 16. Juli 1969 befördert Saturn V das Raumschiff Apollo 11 in den Weltraum. An Bord sind die drei Astronauten Armstrong, Aldrin und Collins. Die Trägerrakete zündet nacheinander die drei Brennstufen und wirft sie jeweils ab. Das Raumschiff selbst besteht aus der Kommandokapsel Columbia, in der Collins zurückbleibt, und der Mondlandefähre Eagle. Armstrong und Aldrin landen am 20. Juli auf dem Mond.

Weltraumsonden

Sie sind mit Kameras und Messinstrumenten ausgestattet. Sie erkunden Orte, die für Menschen unzugänglich sind. 1997 wird mithilfe einer Sonde ein Roboter auf dem Mars abgesetzt. Er wird von der Erde aus ferngesteuert! Im selben Jahr startet die Sonde Huygens ihre siebenjährige Reise zum Saturn.

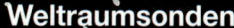

Mehrere Länder bauen zusammen 400 km von der Erde entfernt die bislang größte Weltraumstation: die Internationale Raumstation ISS. Dort werden sich 6 oder 7 Astronauten 3 bis 6 Monate lang aufhalten können.

DER WELTRAUM
ERKUNDUNGEN IM ALL

Heutzutage sind zahlreiche bemannte und unbemannte Raumsonden im All unterwegs. Sie liefern uns neue Erkenntnisse über das Universum, aber auch über die Erde und ihre Bewohner. Der Weltraum wird immer besser erkundet und erschlossen. Davon profitieren wir auch auf der Erde, denn mithilfe der technischen Neuerungen im Weltall können wir unser Leben zunehmend vereinfachen: In unserem Alltag nutzen wir täglich Informationen, die wir von zahlreichen Satelliten im All erhalten.

Astronomie
Im 18. Jahrhundert entdeckt der Engländer William Herschel mit einem selbst gebauten Teleskop den Planeten Uranus. Mit modernen Teleskopen kann man auch einen Blick auf ferne Galaxien werfen. Die Amerikaner schicken das Weltraum-teleskop Hubble ins All.

Nachrichtenübertragung
Satelliten leiten elektromagnetische Wellen von einem Punkt der Erde zum anderen. Auf diese Weise werden Fernseh- und Radiosendungen übertragen. Aber auch Telefongespräche oder E-Mails werden über Satelliten weitergeleitet.

Klimaforschung
Einige Satelliten beobachten die Erdatmosphäre. Sie zeichnen jede Veränderung auf. Anhand der Daten können Forscher besser verstehen, wie sich das Klima entwickelt.

Kartografie
Landkarten sind heute sehr genau, denn man erstellt sie anhand der präzisen Daten von Satelliten. Sie helfen auch bei der Vermessung von größeren Gebieten.

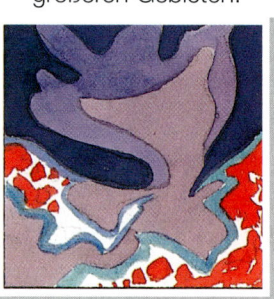

Wetterkunde
Wettersatelliten verfolgen die Bewegung von Luftmassen und messen Temperaturen. So können Wetterforscher schon fünf Tage im Voraus erkennen, welches Wetter es geben wird!

Zum Wohle der Menschheit

Navigationssysteme
Navigationssysteme lenken Autos an ihr Ziel. Dabei empfangen kleine Bordcomputer Signale von Satelliten aus dem Weltraum. Bis auf 10 m genau kann der Computer den Weg bestimmen. Das System kann auch Kapitäne und Piloten unterstützen. Sie programmieren den Weg ein und das Schiff oder Flugzeug folgt den Anweisungen des Computers. Ein Radargerät warnt zusätzlich vor Hindernissen.

Spionage
Satelliten für militärische Zwecke überwachen Himmel, Erde und Meer. Feindliche Truppenbewegungen können sofort erkannt werden. Manche Satelliten können sogar U-Boote wahrnehmen!

Medizin
Startet ein Astronaut in den Weltraum, werden vorher Elektroden auf seiner Haut befestigt. Mit ihnen kann man kontrollieren, wie der Körper auf den Flug reagiert. Solche Elektroden werden inzwischen auch bei schlafenden Babys eingesetzt. Ärzte hoffen so herauszufinden, weshalb einige Babys im Schlaf sterben.

Die Medizin hat dank der Weltraumforschung schon erhebliche Fortschritte gemacht. In Operationssälen verwenden Chirurgen heute winzige Kameras. Diese Geräte sind ursprünglich für die Raumfahrt entwickelt worden. Experimente im schwerelosen Raum eröffnen auch neue Erkenntnisse über bisher unbekannte Vorgänge im Körper.

DIE PFLANZEN
BÄUME

Bäume unterscheiden sich von anderen Pflanzen durch ihren Stamm. Dieser besteht aus Holz. Wie alle Lebewesen atmen und wachsen sie, vermehren sich, altern und sterben. Zum Wachsen setzen sie die Fotosynthese ein. Dies ist ein chemischer Vorgang, der nur bei Pflanzen vorkommt. Dabei spielt das Blattgrün eine wichtige Rolle, das Kohlendioxid aus der Luft in Sauerstoff und Zucker umwandelt.

Laubbäume tragen einfache ① oder gefächerte ② Blätter, die jeweils unterschiedlich geformt sein können. Nadelbäume, wie zum Beispiel Pinien, tragen Nadeln ③ oder schuppenartige Blätter. Palmblätter ④ gleichen einem Fächer oder einer Feder.

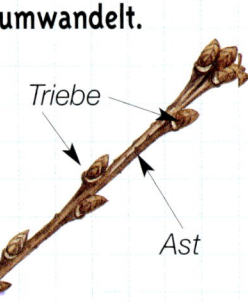

Triebe
Ast

Querschnitt eines Triebes

Der junge Trieb
Der Baum wächst und erneuert sich, indem er junge Triebe bildet. Schuppenartige Verdickungen umgeben die zarten Knospen und schützen sie, bis die Zeit reif ist, sich zu entfalten. Dann sprießen aus ihnen Blätter oder Blüten.

Die Fotosynthese
Durch die Blattadern fließen die Nährstoffe, die der Baum über Wurzeln und Blätter aufnimmt. In den Blättern wird das Kohlendioxid der Luft sowie Wasser und Mineralien mithilfe von Sonnenlicht und dem Blattgrün (Chlorophyll) in Sauerstoff und Zucker umgewandelt. Den Sauerstoff gibt der Baum in die Luft ab. Dieser Vorgang heißt Fotosynthese.

Der älteste Baum ist über 4000 Jahre alt

Ein Kastanienbaum entsteht

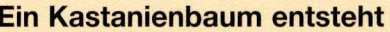

Mit ungefähr 10 Jahren trägt der Kastanienbaum das erste Mal Blüten.

Aus der Blüte wird eine Frucht: Die Kastanie schützt eine stachelige Schale.

Im Herbst fallen die Früchte zu Boden. Die Schale öffnet sich und gibt die Kastanie frei.

Im Frühling treibt die Kastanie feine Wurzeln und einen Spross: Sie keimt. Der Spross wächst und trägt Blätter. Ein kleiner Baum ist entstanden.

Nadelbäume

Nadelbäume gab es schon vor den Laubbäumen. Sie sind widerstandsfähiger und halten Kälte und Trockenheit besser aus. Die meisten Nadelbäume sind das ganze Jahr über grün. Ihre Nadeln erneuern sich allmählich.

Die Nadeln sind von einer wächsernen Schutzschicht umgeben. Der Baum wirft die Nadeln im Winter nicht ab.

Die Samen der Nadelbäume sind in Zapfen eingeschlossen, die langsam reifen. Eines Tages öffnen sie sich und die Samen werden vom Wind davongetragen.

BÄUME IN GEFAHR

Auf der Erde sterben immer mehr Bäume ab und die Wälder werden kleiner. Dafür gibt es viele verschiedene Gründe:

Insekten und Raupen können Bäumen schaden. Einige Insekten legen ihre Eier auf den Blättern oder dem Stamm ab. Darauf reagiert der Baum, indem er auf den Blättern kleine Beulen bildet. Man nennt sie Gallen ①.

Die Menschen schaden den Bäumen jedoch weitaus mehr. Wälder werden gerodet, ohne dass die Bäume Zeit haben nachzuwachsen. Abgase von Autos und Fabriken kommen als „saurer Regen" vom Himmel und schädigen die Bäume.

Außerdem gibt es Parasitenpflanzen wie die Mistel oder bestimmte Pilze. Sie wachsen auf den Bäumen und entziehen ihnen Nährstoffe. Andere nehmen den Bäumen das Sonnenlicht, wie der Efeu.

DIE PFLANZEN
PFLANZENWACHSTUM

Nicht alle Pflanzen leben so lange wie die Bäume. Manche Blumen werden zum Beispiel nur einen Sommer alt. Sie haben verschiedene Möglichkeiten entwickelt sich zu vermehren. Einige Blumen sind sehr einfallsreich und locken mit auffälligen Farben und Düften. Auf diese Weise ziehen sie Insekten und Vögel an, die ihren Pollen weitertragen.

Wie Blumen sich vermehren

Blüten bestehen aus einem weiblichen Stempel und männlichen Staubgefäßen. Sie werden von den Blütenblättern geschützt.

Blütenblatt
Staubgefäße
Stempel
Zwei behaarte Kelchblätter schützen die neu entstandene Mohnblüte.

Pilze

Pilze blühen nicht und haben auch keine Samen. Sie pflanzen sich mithilfe von Sporen fort. Das sind winzige Keimzellen, die sich auf der Unterseite des Pilzhutes verstecken.

Werden die Sporen freigesetzt, dann keimen sie in der Erde und entwickeln Fasern, die feinen Wurzeln gleichen: die Pilzfäden, auch Myzel genannt. Aus dem Myzel entstehen neue Pilze, die von einer Art Haut geschützt werden. Sie platzt, wenn der Pilz wächst.

Die Reste dieser Haut sind am oberen und unteren Stielende des Pilzes noch zu sehen

VON DER BLÜTE ZUM SAMEN

Damit eine neue Mohnblume entstehen kann, muss eine Samenanlage befruchtet werden. Das geschieht über die Pollen aus den Staubgefäßen. Dieser Vorgang heißt Bestäubung. Wind, Insekten und manchmal auch Vögel sorgen für die Übertragung der Pollen.

Die Blüte entfaltet sich

Im Inneren der Kelchblätter wachsen die Blütenblätter heran. Wenn sie ausgebildet sind, öffnen sich die Kelchblätter, welken und fallen ab. Die Blütenblätter sind noch zerknittert. Entfalten sie sich, sind Stempel und Staubgefäße zu sehen.

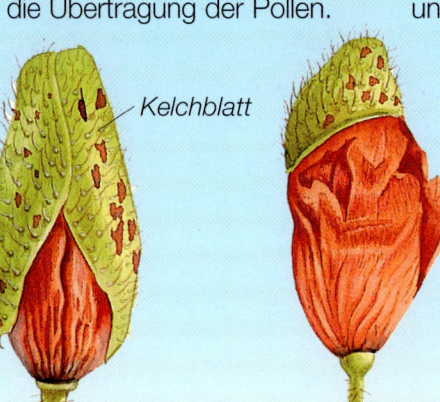

Kelchblatt

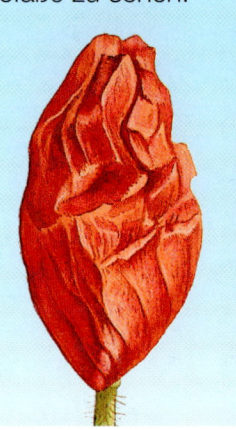

Farne gibt es schon zur Zeit der Dinosaurier

Farne

Farne haben die Fortpflanzungsstrategien der Pilze weiterentwickelt. Sie bilden ebenfalls Sporen aus. Diese haften in kleinen Säckchen an der Unterseite ihrer Blätter, die Farnwedel genannt werden. Fallen die Sporen zu Boden, zerstreuen sie sich, keimen und neue Farnpflanzen entstehen aus ihnen.

Moose und Flechten

Moose und Flechten bilden dicke Polster auf dem Waldboden und an den Bäumen. Im Frühling wachsen aus ihnen Triebe mit lang gezogenen Köpfchen heraus. Darin sind die Sporen enthalten. Öffnen sich die Außenhüllen der Köpfchen, so springen die Samen heraus und werden schnell vom Wind davongetragen. Dort wo sie niederfallen, keimen neue Moose und Flechten.

Algen

Algen besiedeln als erste Pflanzen die Erde. Sie gedeihen auf dem Boden von Flüssen und Seen sowie in Meeren oder feuchten Gebieten. Über das Wasser verbreiten sich ihre Sporen. Auf diese Weise findet die Befruchtung statt.

Die Mohnkapsel

Nachdem die Samenanlage befruchtet worden ist, bildet sich im Herzen der Blüte eine zunächst weiche Kapsel. Die Blütenblätter fallen ab. Die Kapsel wächst, füllt sich mit Samen an und wird allmählich immer härter. Sie wird über den Stängel mit den nötigen Nährstoffen versorgt.

Die Samen

Ist die Mohnkapsel dann schließlich prall gefüllt, platzt ihre Außenhülle auf. Die Samen springen heraus und fallen zu Boden. Dort keimen sie und aus ihnen entstehen neue Mohnpflanzen.

Wie sich der Samen in der Erde entwickelt

Fällt der Samen zu Boden, „schlummert" er erst eine Weile. In dieser Zeit nimmt er ausreichend Flüssigkeit auf, um eine Wurzel bilden zu können. Diese verankert sich zunächst im Boden. Danach treibt aus dem Samen ein kleiner Spross aus, der zu wachsen beginnt. Je nach Pflanzenart entwickelt er sich dann anders.

DIE TIERE
DIE EVOLUTION

Seit tief unten in den Meeren die ersten Lebensformen aufgetaucht sind, bringt die Natur immer neue Arten hervor. Viele Arten entwickeln sich weiter, andere verschwinden wieder. Es bleiben diejenigen Arten erhalten, die sich gut anpassen können, wenn sich die Lebensbedingungen ändern. Die anderen Arten sterben aus. Diese Entwicklung des Tierreiches nennt man Evolution.

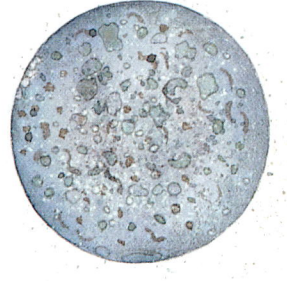

Mehr als 2 Milliarden Jahre lang leben nur Bakterien und winzig kleine Algen auf der Erde. Es sind noch sehr einfache Lebewesen (Organismen).

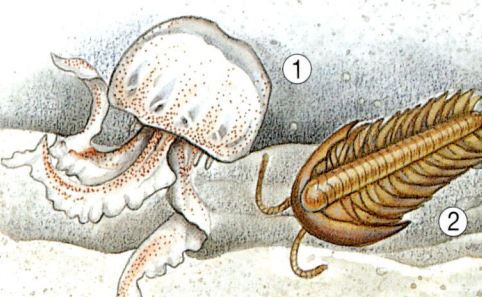

Vor rund 600 Millionen Jahren bevölkern sich unsere Meere mit Weichtieren, die keine Wirbel haben: zum Beispiel Schwämme oder Quallen ①.

Vor 65 Millionen Jahren geschieht etwas Rätselhaftes: Die Dinosaurier sterben aus. Vielleicht sind gewaltige Vulkanausbrüche der Grund, vielleicht ist auch ein riesiger Meteorit mit der Erde zusammengestoßen.

Drei Viertel der Tier- und Pflanzenarten, die damals auf der Erde leben, verschwinden. Die Säugetiere ⑩, die vor 180 Millionen Jahren auftauchen, haben bis heute überlebt.

Sie sind behaart und warmblütig und passen sich gut an die jeweiligen Umweltbedingungen an. Schnell bilden sich verschiedene Arten aus.

144

Von den Bakterien zu den Säugetieren

Auf diese frühen Wirbeltiere folgen vor 400 Millionen Jahren Knochenfische ④. Sie besitzen Zähne und ein Knochengerüst.

Die ersten Tiere mit Gliedmaßen und Rückenpanzern tauchen auf. Man nennt sie Trilobiten ②. Sie sind die Vorfahren heutiger Krustentiere und Insekten.

Die Agnathen ③ sind stromlinienförmige Fische. Sie haben kein Gebiss und auch keine Flossen.

Bei einigen Fischen formen sich die Flossen in Beine um. Fische, die Lungen besitzen, können auch an Land atmen. Der Ichtyostega ⑤, Vorfahre unseres Frosches, kann sich auch an Land aufhalten.

Die Dinosaurier haben eine geschuppte Haut. Der Stegosaurus ⑦ trägt aufrecht stehende Knochenplatten auf dem Rücken.
Die Familie der Dinosaurier zählt rund 600 Unterarten. Der Diplodocus ⑧ ist beispielsweise ein Pflanzenfresser, der bis zu 25 m lang ist. Der Tyrannosaurus ⑨ ist ein Fleischfresser und gefürchteter Jäger.

Die Reptilien stammen von den Amphibien ab. Sie bringen viele Arten hervor. Das Dimetrodon ⑥ hat scharfe Reißzähne sowie Zitzen, um seine Jungen zu säugen. Es ist der Vorfahre der Säugetiere.
Doch auch andere Reptilien bevölkern die damals feuchtwarme Erde: Vor rund 240 Millionen Jahren tauchen die ersten Dinosaurier auf.

Der Mensch als Feind der Tiere

Das Schicksal der Tierarten wird nicht allein durch die natürliche Evolution bestimmt.

Die Primaten ⑪ sind höher entwickelt als die anderen Säugetiere, die es vor 60 Millionen Jahren gibt. 25 Millionen Jahre später tauchen die ersten Affen auf.

Die Wollnashörner ⑫ und Mammuts ⑬ sind von einem dicken Fell geschützt. Sie leben auf der nördlichen Erdhalbkugel und treffen auf einen neuen Feind, den Menschen.

Den Auerochsen ⑭, einen Verwandten unseres Rindes, und den Laufvogel Dodo ⑮ hat der Mensch ausgerottet.

DIE TIERE
TIERE, DIE EIER LEGEN

Von den winzig kleinen Meereskorallen bis zu den großen Straußenvögeln schlüpfen die meisten Tiere aus Eiern, welche die Weibchen legen. Sogar die Dinosaurier legten schon Eier. Einige brüteten sie auch wie Vögel aus. Das Ei entsteht, wenn sich ein männliches Spermium mit der weiblichen Eizelle vereinigt. Man spricht von Befruchtung. Das Junge (Embryo) wächst im Ei heran. Hat es eine bestimmte Größe erreicht, dann schlüpft es.

Das befruchtete Ei

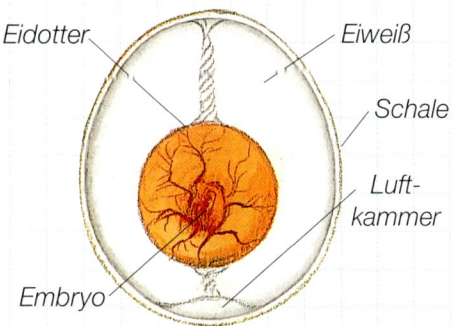

Eidotter · Eiweiß · Schale · Luftkammer · Embryo

Bald nach der Befruchtung verwandelt sich die Keimzelle in einen Embryo. Vor dem Schlüpfen ernährt sich der Embryo von Eidotter und Eiweiß. Die luftdurchlässige Schale bietet Schutz.

Vögel

Alle Vögel brüten ihre Eier aus. Meistens übernimmt das Weibchen diese Aufgabe, manchmal aber auch das Männchen, wie bei den Pinguinen und Straußen.

Hühnereier

Damit aus einem befruchteten Ei ein Küken schlüpfen kann, muss die Henne es 20 Tage bei 40 °C brüten. Sie hält die Eier mit ihrem Körper warm.

Vom Ei zum Küken

Bereits elf Tage, nachdem das Ei gelegt wurde, hat der Embryo Füße, Augen und einen Schnabel. Nach 20 Tagen ist er ausgewachsen und besitzt auch ein Federkleid. Dotter und Eiweiß sind nun verzehrt. Das Ei wird zu klein für das Küken. Es schlüpft.

Reptilien

Alle Reptilien legen ihre Eier auf dem Festland ab. Sie kratzen eine Vertiefung, legen die Eier hinein und bedecken sie mit Sand, Erde und manchmal auch mit Zweigen. Reptilien bebrüten ihre Eier nicht.

Heimatstrand

Meeresschildkröten schwimmen oft tausende Kilometer, um an den Ort zurückzukehren, an dem sie selbst geschlüpft sind.

Der Weg zum Meer

Die Tiermütter lassen ihre Eier ungeschützt im Nest zurück. Deshalb fällt der Nachwuchs oft anderen Tieren oder auch den Menschen zum Opfer. Sobald die kleinen Schildkröten aus dem Ei geschlüpft sind, machen sie sich sofort auf den Weg zum Meer.

Die Jungen schlüpfen

Insekten

Bei den Insekten geht es sehr schnell: Der Nachwuchs schlüpft innerhalb weniger Tage. Doch die Jungen sind noch nicht voll entwickelt. Sie durchlaufen mehrere Stadien, bevor sie ihre endgültige Gestalt erhalten.

Jede Minute ein Ei

Die Bienenkönigin legt jede Minute ein weißes, schimmerndes Ei. Sie setzt die Eier einzeln in jeweils einer Kammer der Bienenwabe ab.

Eine Biene wächst heran

Drei Tage später schlüpft eine Larve aus dem Ei. Wenn sie die ganze Kammer ausfüllt, bilden sich allmählich Kopf und Körper aus. Danach formen sich Flügel, Füße und Mundwerkzeuge. Am 21. Tag ist dann aus der Larve eine kleine Biene geworden.

Wie ein Schmetterling entsteht

Aus dem Ei schlüpft eine kleine Raupe ①, die ununterbrochen frisst. Schnell wächst sie heran.

Die Raupe wird zur Puppe ②: Von der Außenhülle (Kokon) geschützt, entwickelt sich der Schmetterling.

Der Schmetterling schlüpft aus der Puppe.

Frösche

Das Weibchen legt die Eier im Wasser ab: den Laich. Das Männchen befruchtet sie.

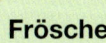

Acht Tage später schlüpfen Kaulquappen, die nur im Wasser leben können. Nach und nach bilden sich Gliedmaßen und die Lungen entwickeln sich.

Die Kaulquappe wächst weiter. Aus ihr wird ein Frosch.

Fische

Bei den meisten Fischarten legen die Weibchen Eier, die das Männchen dann mit seinen Spermien im Wasser befruchtet. Das Männchen begattet also nicht das Weibchen. Aber es gibt auch Fischarten, bei denen die Weibchen von den Männchen begattet werden. In diesem Fall tragen die Weibchen die befruchteten Eier aus und bringen nach einer gewissen Zeit kleine Fische zur Welt.

Weich- und Krustentiere

Die wirbellosen Weichtiere und die Krustentiere, die einen Panzer tragen, legen auch Eier. Diese Arten sind sogar besonders fruchtbar: Eine Muschel sondert im Laufe ihres Lebens rund 25 Millionen Eier ab! Ihre Jungen haben zunächst noch keine Muschelschale. Sie bilden sie erst später aus, wenn sie heranwachsen.

DIE TIERE
SÄUGETIERE

Als vor 65 Millionen Jahren die Dinosaurier aussterben, beginnt das Zeitalter der Säugetiere. Heute zählt man 4665 Arten, die unter den verschiedensten Umweltbedingungen leben. Manche bevölkern das Meer, andere das feste Land und wieder andere leben auf Bäumen. Die Spitzmaus ist das kleinste Säugetier: Sie ist nur 4 cm groß und wiegt 4 Gramm! Das größte Säugetier dagegen ist der Blauwal, der etwa 30 m lang wird.

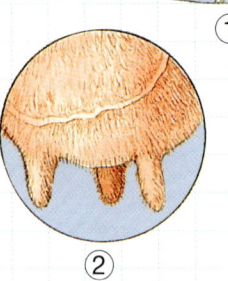

①

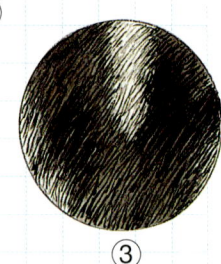

② ③

Alle Säugetiere sind Wirbeltiere: Sie haben eine Wirbelsäule und zwei Beinpaare ①. Sie sind warmblütig und die Weibchen haben Zitzen ②, die Milch liefern. Mit ihnen säugt das Weibchen die Jungen. Säugetiere tragen in der Regel ein Haarkleid ③. Bei Igeln sind die Haare zu Stacheln ausgebildet.

Fortpflanzung

Alle Säugetiere pflanzen sich auf die gleiche Weise fort. Bei der Begattung wird das weibliche Ei von dem männlichen Spermium befruchtet. Es wächst im Körper der Mutter heran. Sie versorgt den Embryo über ihr Blut mit Sauerstoff und Nährstoffen. Der Embryo entwickelt sich.

Geburt

Die Jungen kommen voll entwickelt zur Welt. Auch wenn sie schon schnell auf eigenen Beinen stehen können, brauchen sie immer noch ihre Mutter. Große Säuger sind meist nur mit einem Jungen trächtig.

Trächtigkeit

Wie lange Weibchen trächtig sind, hängt von der jeweiligen Tierart ab. Bei Mäusen sind es 20 Tage, bei Katzen 2 Monate und bei Pferden 11 Monate. Elefantenmütter tragen ihre Jungen sogar 21 bis 23 Monate aus!

Bei kleinen Säugern ist dies anders: Kaninchen tragen bis zu 12 Junge gleichzeitig aus. Den Rekord hält ein Borstenigelweibchen, das 31 Junge auf einmal zur Welt brachte.

Säugen

Nach der Geburt säugt das Muttertier seine Jungen mehrere Wochen oder Monate. Danach stellt der Nachwuchs je nach Tierart seine Nahrung auf Pflanzen oder Fleisch um. Es gibt aber auch Allesfresser!

Es gibt 4665 Säugetierarten

Wachsen und Lernen

Solange der Nachwuchs noch klein ist, bleibt er immer bei der Mutter. Diese Phase kann Monate oder sogar Jahre dauern. Die Jungen lernen von den erwachsenen Tieren, indem sie ihr Verhalten nachahmen.

Alarm

Das Murmeltier stellt sich auf die Hinterbeine und beobachtet die Bergwiesen. Bei der geringsten Gefahr stößt es einen grellen Warnpfiff aus. Die ganze Kolonie verschwindet sofort in den nah gelegenen Erdlöchern. Dort halten die Murmeltiere viele Monate lang Winterschlaf.

Flink und schlau

Die Gliedmaßen von Säugetieren sind sehr beweglich. Deshalb können sich diese schneller fortbewegen als Reptilien, die ebenfalls Wirbeltiere sind. Auch das Gehirn der Säugetiere ist weiter entwickelt als bei anderen Tieren. Deshalb sind sie geschickter.

Säuger im Wasser

Sie schwimmen wie Fische und sind doch Säugetiere! Sie müssen zum Luft holen regelmäßig an die Wasseroberfläche kommen. Im Tauchen sind sie Meister: Der Pottwal taucht in Tiefen von mehr als 1000 m hinab.

Walrosse ① und Seehunde ② halten sich oft auf dem Festland auf. Sie wirken dann sehr ungeschickt.
Die Seekuh ③ lebt in den Mündungsgebieten tropischer Flüsse.

Das Aussehen der Delfine und Wale ähnelt eher dem von Fischen. Sie leben im Meer und kommen nur zum Luftschnappen an die Oberfläche. Der Blauwal ist das größte lebende Tier der Erde.

Der Blauwal wird mehr als 30 m lang und wiegt so viel wie 30 Elefanten!

BESONDERE SÄUGER

Die Fledermaus ist das einzige Säugetier, das fliegen kann.

Die Flügel bestehen aus einer dünnen Flughaut, die sich über fünf lange Finger spannt. Fledermäuse orientieren sich mithilfe von Ultraschallwellen.

Das Känguru zählt zu den Beuteltieren. Das Junge ist noch nicht vollständig entwickelt, wenn es geboren wird. Deshalb klettert es in die Beuteltasche und hält sich dort auf, bis es herangewachsen ist. Im Beutel befindet sich auch eine Zitze, an der es trinken kann.

Das Schnabeltier lebt in Australien und ist eines der primitivsten Säugetiere. Es legt Eier wie ein Vogel. Doch wie alle Säugetiere nährt es seine Jungen mit Milch. Anstelle von Zitzen hat es eine Milchleiste.

DIE TIERE
BESONDERE FÄHIGKEITEN

Sehkraft

Die Spitzmaus ist das kleinste Säugetier. Ihre winzigen Augen liegen unter dem Fell versteckt. Wenn auch die Sehkraft dadurch eingeschränkt ist, so besitzt die Spitzmaus doch einen ausgezeichneten Hör- und Geruchssinn.

Kraken haben wie ihre Verwandten, die Tintenfische, sehr komplex aufgebaute Augen. Damit können sie ausgezeichnet unter Wasser sehen.

Die Augen der Vögel sind sehr gut entwickelt und bestens an die Lebensbedingungen der jeweiligen Vogelart angepasst. Eulen und Uhus sehen nachts ebenso gut wie tags.

Fliegen sind mit Netzaugen ausgestattet. Diese Facettenaugen bestehen aus vielen eigenständigen Segmenten, die jeweils nur einen Teil der Umwelt wahrnehmen.

Einige Tiere wie bestimmte Delfin- oder Maulwurfarten sind blind.

Verständigung

Der Gibbon, eine Affenart, besitzt die lauteste Stimme unter den Säugetieren. Der Kehlsack, den er am Hals trägt, bläht sich bis auf Kopfgröße auf und verstärkt die Töne.

Auch der Kehlsack der Frösche bläht sich beim Quaken auf. Die Männchen quaken, um die Weibchen anzulocken.

Der Beo imitiert besonders geschickt die verschiedensten Geräusche. Auch Menschenstimmen sind für ihn kein Problem: Er kann sie bis ins kleinste Detail nachahmen.

Das mächtige Brüllen des Löwen ist kilometerweit im Umkreis zu hören. Feinde in seinem Revier werden so frühzeitig gewarnt.

Grillen und Heuschrecken erzeugen zirpende Töne, indem sie ihre Beine an den Flügeln reiben. Auch Bienen und Mücken surren mit ihren Flügeln.

Andere Botschaften

Viele Tiere verständigen sich mithilfe von Lauten oder Bewegungen. Insekten dagegen übermitteln Botschaften, indem sie chemische Stoffe aussenden.

Ameisen verwenden zur Verständigung besondere Lockstoffe. Entdeckt eine Ameise zum Beispiel Nahrung, so setzt sie die Lockstoffe an dem Weg dorthin ab. Ihre Artgenossen riechen sie, folgen ihnen und markieren den Weg erneut. So werden wieder neue Ameisen zur Nahrung geführt. Über ihre Fühler treten die Ameisen in direkten Kontakt miteinander.

Schallwellen

Unter Wasser reicht die Sehkraft oft nicht aus, um den richtigen Weg zu finden. Deshalb verfügen viele Meeressäuger über ein ausgeklügeltes Orientierungssystem. Sie stoßen Töne aus, die ein bestimmtes Echo erzeugen. Mithilfe des Echos gelingt es ihnen, sich in ihrer Umgebung zu orientieren.

Die Natur hat alles gut eingerichtet

Delfine, Schwertwale und Tümmler senden besonders hohe Töne aus, die sich im Wasser schnell ausbreiten. Sobald sie auf ein Hindernis treffen, kehren sie zurück und verstärken sich noch. Das Tier kann dadurch abschätzen, wie weit es von diesem Hindernis entfernt ist. Seehunde und Robben senden dagegen sehr tiefe Töne aus.

Die Technik der Fledermäuse

Fledermäuse jagen nachts. Auch sie setzen für die Jagd Schallwellen ein, um sich zu orientieren. Dank der Schallwellen können sie im Flug ein Insekt aufschnappen, ohne es zu sehen. Fledermäuse verfügen deshalb über besonders gut entwickelte Ohren. Ihre Laute sind für den Menschen nicht wahrnehmbar.

Tierwanderungen

In der Trockenzeit finden sich die Gnus in Herden zusammen. Gemeinsam suchen sie nach den seltenen Wasserstellen.

Lachse legen im Meer tausende Kilometer zurück, um den Fluss wiederzufinden, in dem sie geboren wurden. Dort pflanzen sie sich fort. Sie orientieren sich dabei am Geruch des Wassers!

Aale legen den umgekehrten Weg zurück: Sie verlassen den Fluss und streben zur Sargassosee im Atlantik. Dort laichen sie und sterben dann.

Eine Brieftaube kann aus 1500 km Entfernung ihren Taubenschlag wiederfinden. Sie orientiert sich an der Sonne.

Die europäischen Störche ziehen im Herbst nach Afrika. Dabei fliegen sie möglichst über Land.

Selbstheilungskräfte

Die Körperglieder der Spinne wachsen immer wieder nach: Verliert sie eines ihrer Beine, ist das also nicht wirklich schlimm!

Gerät ein Seestern in die Fänge eines Krebses, opfert er einen Arm und ergreift die Flucht. Denn auch der abgerissene Arm des Seesterns wächst wieder nach.

Der Schwanz der Eidechse kann ebenfalls wieder nachwachsen. Der Schwanz wächst oft in einer anderen Farbe nach.

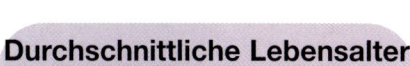

Durchschnittliche Lebensalter

50 Jahre
Hummer

70 Jahre
Elefant
Kakadu

200 Jahre
Madagaskar-Schildkröte

100 Jahre
Stör

DIE TIERE
BEDROHTE TIERARTEN

Der Mensch bringt die Natur zunehmend aus dem Gleichgewicht. Ganze Tierarten werden wegen ihres Fleisches, ihres Fells oder ihrer Knochen ausgerottet oder weil die Menschen sie als Bedrohung empfinden. Wälder werden gerodet, um mehr Anbaufläche zu gewinnen, und es werden Siedlungen und Straßen gebaut. Dadurch werden die Tiere ihrer natürlichen Lebensräume beraubt. Heute erkennt man jedoch zunehmend, wie wichtig es ist, die Tierarten zu schützen – auch um unsere eigene Zukunft zu sichern!

Ausgestorbene Tierarten

Innerhalb von zwei Jahrhunderten rotten die Menschen den Dodo auf der Insel Mauritius aus. Dieser große Laufvogel konnte nicht fliegen und ernährte sich von Körnern und Früchten. Er hatte keine natürlichen Feinde, bis die Europäer mit ihren Gewehren Jagd auf ihn machten!

Der Eisbär ① wird lange Zeit wegen seines Fells gejagt. Heute ist die Jagd auf ihn verboten. Doch die Polkappen schmelzen. Das Tier verliert seinen Lebensraum.

Der Blauwal ② wird wegen seines Fleisches und seines Körperfettes gejagt. Da die Weibchen im Laufe ihres Lebens nur etwa zehn Junge zur Welt bringen, ist die Art ganz besonders gefährdet.

Der Gorilla ⑦ wird seit jeher vom Menschen gejagt. Heute zerstört die Rodung der tropischen Regenwälder den Lebensraum dieses Tieres.

Die Mönchsrobbe ③ verfängt sich oft in Fischernetzen. Zudem verseucht Wasserverschmutzung ihre Beutetiere und macht sie krank. Deshalb wird sie immer seltener.

Der Orang-Utan ⑧ zählt zu den meistbedrohten Affenarten. Die Menschen holzen die Wälder Südostasiens ab, wo sich auf Sumatra und Borneo die letzten Rückzugsgebiete des Orang-Utans befinden.

Das Nashorn ⑨: In den Reservaten stutzen Tierschützer ihnen die Hörner. Sie wollen dadurch verhindern, dass Wilderer sie wegen des begehrten Horns töten.

Der Mensch als größter Feind

Die Meeresschildkröte ④: Die kleinen Schildkröten schlüpfen am Strand und sind dort leichte Beute für Räuber. Nur ein bis zwei Junge von 100 geschlüpften Tieren überleben.

Der Luchs ⑥ ist seit 1918 aus den Wäldern Europas verschwunden. Früher wurde er gejagt, weil er Schafe riss. Heute wird er wieder in freier Wildbahn angesiedelt.

Der Panda ⑤: Die Rodung der Bambuswälder nimmt ihm seine Lebensgrundlage, denn er ernährt sich nur von Bambus. Heute zählt er zu den bestgeschützten Tierarten.

Der Braunbär ⑬ ist das größte Raubtier in Europa. Er meidet Menschen und hat nur in einigen dünn besiedelten Bergregionen überlebt.

Der Elefant ⑩ ist gefährdet, weil er wegen des wertvollen Elfenbeins seiner Stoßzähne von Wilderern gejagt wird. Außerdem nehmen die Menschen ihm immer mehr Lebensraum.

Das Zebra ⑫ ist wegen seines gemusterten Fells eine besonders beliebte Beute von Wilderern. Einige Zebraarten sind inzwischen geschützt.

Der Tiger ⑪ gilt als die beliebteste Trophäe der Wilderer. Sein Fell kann sehr teuer verkauft werden. Die asiatische Medizin spricht seinen pulverisierten Knochen große Heilungskräfte zu.

Ein natürliches Gleichgewicht

Fressen und gefressen werden lautet das Motto der Natur. Raubtiere jagen Beutetiere und diese fressen wiederum Pflanzen. Alle Lebewesen sind voneinander abhängig.

Verschwindet ein Glied aus der Nahrungskette, so ist der natürliche Kreislauf empfindlich gestört. Gäbe es zum Beispiel keine Löwen mehr, könnten sich die Gazellen ungehindert vermehren. Schließlich wären die Gazellen so zahlreich, dass sie alles vorhandene Gras auffressen würden.

Gäbe es keine Pflanzen mehr, müssten alle Pflanzenfresser und damit auch alle Fleischfresser in der Savanne sterben. Zurück bliebe nichts als unbewohnbare Wüste. Deshalb ist es wichtig, dass das Gleichgewicht der Natur erhalten bleibt.

DER MENSCHLICHE KÖRPER
SKELETT UND MUSKELN

Ohne Skelett wäre der menschliche Körper so schlaff wie eine Stoffpuppe. Das Knochengerüst gibt uns Halt und bewirkt, dass wir aufrecht stehen können. Gelenke verbinden die Knochen und Muskeln sorgen dafür, dass unser Körper sich bewegen lässt.

Querschnitt durch einen Gelenkknochen

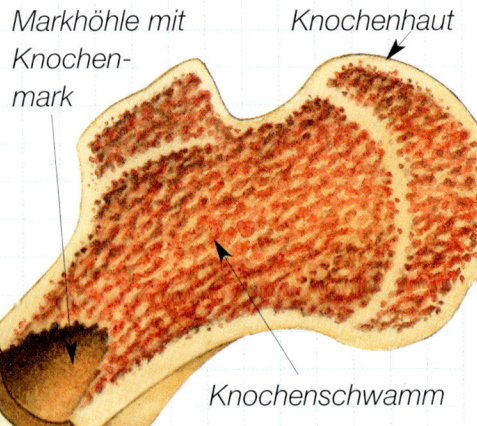

Markhöhle mit Knochenmark
Knochenhaut
Knochenschwamm

Einen Knochen kann man mit dem Ast eines Baumes vergleichen. Dem Baumharz entsprechen dabei Knochenmark sowie Blutgefäße und Nerven. Der Knochen wächst: Er ist also lebendig. Das weiche Knochenmark im Inneren der Knochen hat eine wichtige Aufgabe für den Menschen. Es bildet rote Blutkörperchen.

Die Knochen

Das Skelett eines Erwachsenen besteht aus 206 Knochen. Die feste Knochenrinde besteht vor allem aus Kalzium. Damit unsere Knochen stabil bleiben, ist es wichtig, Milchprodukte zu essen. Denn diese enthalten besonders viel Kalzium.

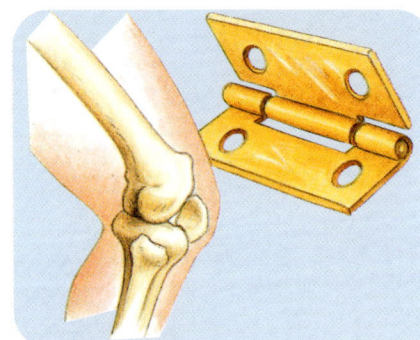

Die Gelenke

Die meisten Knochen sind über Gelenke miteinander verbunden, die wie Scharniere an Türen oder Fenstern funktionieren. Eine ölige Flüssigkeit schmiert die Gelenke, die deshalb beweglich bleiben. Die Bänder halten die Gelenkknochen zusammen. Achte beim Sport darauf, dass sich die Bänder nicht überdehnen oder sogar reißen!

Die Knochen wachsen

Wie ein Baum wächst auch unser Skelett. Die Knochen werden mit der Zeit länger und wir wachsen. Manchmal stellt der Körper das Wachstum früher als normal ein. Deshalb sind einige Erwachsene nicht größer als Kinder. Der größte Mensch war 2,72 m groß!

Der Schädel besteht aus mehreren Knochenplatten und schützt das Gehirn.

Die Wirbelsäule ist die wichtigste „Achse" unseres Skeletts und ermöglicht es uns, aufrecht zu stehen. Insgesamt 24 Wirbel machen sie beweglich.

Die Rippen bilden den Brustkorb, der unser Herz und die Lungen schützt.

Oberarmknochen

Speiche

Elle

Beckenknochen

Der Oberschenkelknochen ist der stärkste und längste Knochen unseres Skeletts.

Kniegelenk

Schienbein

Wadenbein

Unser Skelett besteht aus 206 Knochen

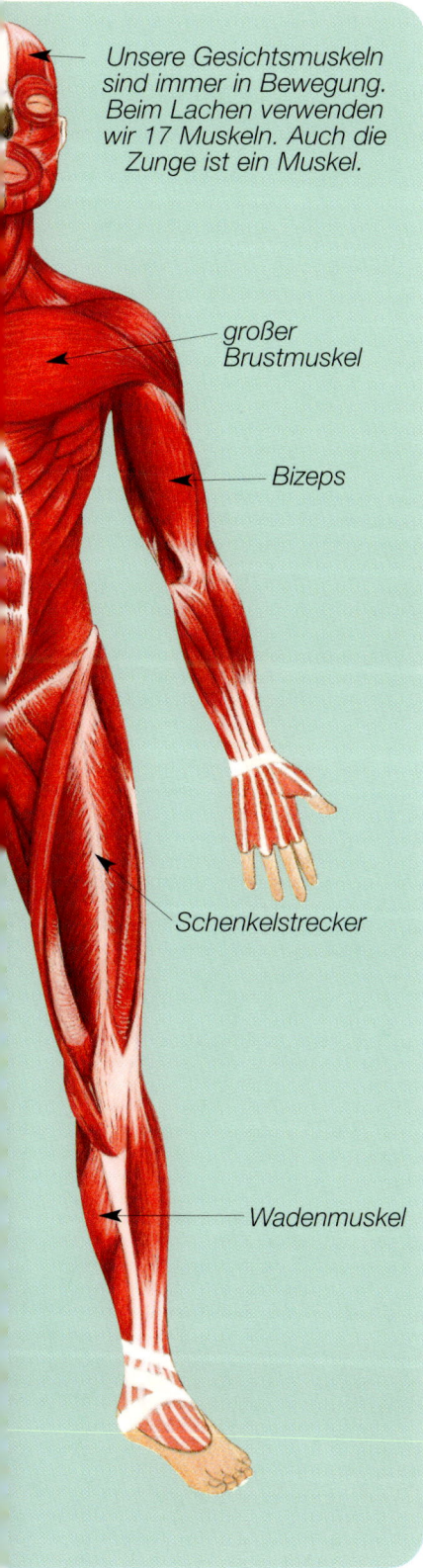

Unsere Gesichtsmuskeln sind immer in Bewegung. Beim Lachen verwenden wir 17 Muskeln. Auch die Zunge ist ein Muskel.

großer Brustmuskel

Bizeps

Schenkelstrecker

Wadenmuskel

Die Muskeln

Unser Körper verfügt über ungefähr 650 Muskeln. Die Muskeln des Verdauungsapparates und der Luftwege sowie der Herzmuskel ziehen sich zusammen, ohne dass wir darauf Einfluss nehmen. Es handelt sich um unbewusste Bewegungen. Dagegen können wir die Arm- und Beinmuskulatur bewusst veranlassen, dass sie sich bewegt. Die Muskeln sind über Sehnen und Bänder mit den Knochen verbunden.

Den Arm beugen und strecken

Bizeps

Zum Abwinkeln des Unterarms spannen wir den Bizeps an: Der Unterarm bewegt sich nach oben. Der Trizeps ist jetzt entspannt. Wenn wir den Unterarm strecken, spannt sich dagegen der Trizeps an. Der Bizeps ist nun entspannt.

Trizeps

Alle Muskeln zusammen machen bei einem Kind 40 % des Körpergewichts aus. Bei einem 30 kg schweren Kind sind das immerhin 12 kg! Bei einem Erwachsenen machen die Muskeln sogar fast die Hälfte seines Körpergewichts aus. Das Skelett ist dagegen viel leichter: Es macht nur 20 % des Körpergewichts aus.

Gänsehaut

Du hast bestimmt schon einmal Gänsehaut gehabt? Sie entsteht, wenn sich kleine Muskeln unter der Haut anspannen. Das geschieht etwa, wenn dir kalt ist. Auf diese Weise erwärmt sich die Haut schneller.

Ein Knochenbruch

Wenn du hinfällst, kannst du dir Knochen brechen oder stauchen. Doch keine Angst, sie wachsen wieder zusammen. Je älter man ist, umso zerbrechlicher werden auch die Knochen.

Lähmung

Nach einem Unfall oder bei bestimmten Krankheiten können Muskeln gelähmt bleiben. Der betreffende Körperteil kann dann nicht mehr bewegt werden.

DER MENSCHLICHE KÖRPER
DIE ATMUNG

Tag und Nacht atmen wir, ohne dass uns dies bewusst ist. Diese gleichmäßige Bewegung ist für uns lebenswichtig: Beim Atmen nehmen wir Sauerstoff auf, ohne den unsere Muskeln und Organe nicht arbeiten könnten. Der Sauerstoff wird aus den Lungen gepumpt und über das Blut im ganzen Körper verteilt. Das Herz funktioniert dabei als Pumpe. Es schlägt immer weiter, ohne dass wir daran denken müssen.

DIE ATMUNG

Atmen heißt abwechselnd ein- und ausatmen. Beim Einatmen ① tritt Luft durch Mund und Nase ein. Die Brustmuskulatur dehnt sich und der Brustkorb weitet sich. Gleichzeitig senkt sich das Zwerchfell, ein Muskel am Unterrand des Brustkorbs. Die Lungen haben nun mehr Platz, um sich aufzublähen. Sie füllen sich mit Sauerstoff. Dann atmen wir wieder aus ②. Die Brustmuskulatur zieht sich zusammen, das Zwerchfell hebt sich.

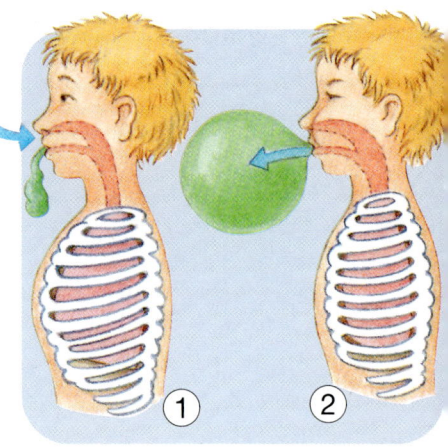

Die Lungen werden zusammengepresst und stoßen Kohlendioxid aus.

Die Luft strömt durch die Lungen, die im Brustkorb eingebettet sind. Die Rippen schützen sie.

In der Lunge strömt die Luft durch immer feinere Verästelungen und mündet in Millionen kleiner Lungenbläschen. Sie bilden zusammen unsere Lungen.

In den Lungenbläschen wird die Luft gefiltert. Hier nehmen die roten Blutkörperchen den Sauerstoff auf.

Lungenbläschen

Die Stimme
Mithilfe der Luft, die aus den Lungen strömt, können wir sprechen und singen. Sie lässt die Stimmbänder im Kehlkopf vibrieren. Je näher die Stimmbänder zusammenliegen, umso höher der Ton.

Schluckauf
Schluckauf entsteht, wenn sich das Zwerchfell am unteren Rand des Brustkorbs ruckartig zusammenzieht. Diese Muskelbewegung kann ausgelöst werden, wenn man zu hastig isst oder trinkt.

Außer Atem
Je mehr wir uns anstrengen, desto mehr Sauerstoff braucht unser Körper. Die Atmung wird schneller, um die Muskeln ausreichend damit versorgen zu können.

DER MENSCHLICHE KÖRPER
DER BLUTKREISLAUF

DER BLUTKREISLAUF

Das Blut führt Sauerstoff aus den Lungen sowie Nährstoffe aus dem Verdauungsapparat mit sich. Aber auch Abfallstoffe werden über das Blut aus den Organen abgeführt. Blut ist ständig im Fluss und zwar immer in einer bestimmten Richtung: In den Arterien fließt das Blut vom Herz zu den anderen Organen. Die Venen führen das Blut von den Organen zum Herzen zurück.

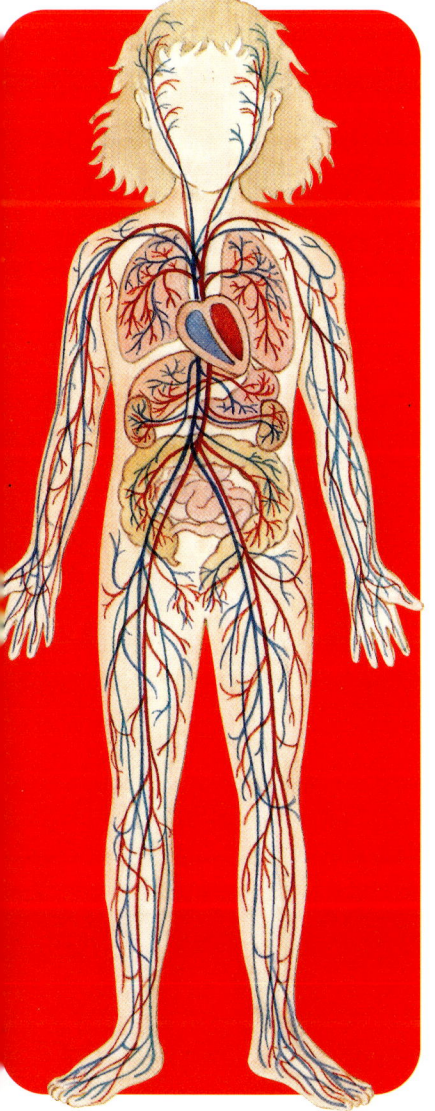

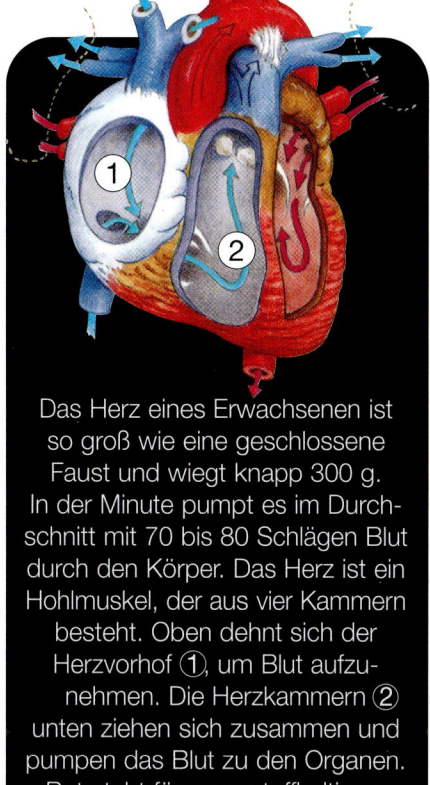

Das Herz eines Erwachsenen ist so groß wie eine geschlossene Faust und wiegt knapp 300 g. In der Minute pumpt es im Durchschnitt mit 70 bis 80 Schlägen Blut durch den Körper. Das Herz ist ein Hohlmuskel, der aus vier Kammern besteht. Oben dehnt sich der Herzvorhof ①, um Blut aufzunehmen. Die Herzkammern ② unten ziehen sich zusammen und pumpen das Blut zu den Organen. Rot steht für sauerstoffhaltiges, blau für kohlendioxidhaltiges Blut.

Das Blut

Der Körper eines Kindes enthält etwa 3 l Blut, der Körper eines Erwachsenen 5 l. Es besteht aus einer gelblichen Flüssigkeit, dem Blutplasma, und den Blutzellen. Zu den Blutzellen gehören Blutkörperchen und -plättchen. Rote Blutkörperchen ① geben dem Blut seine Farbe. Sie transportieren Sauerstoff. Weiße Blutkörperchen ② schützen uns vor Krankheitserregern. Blutplättchen ③ verdicken das Blut.

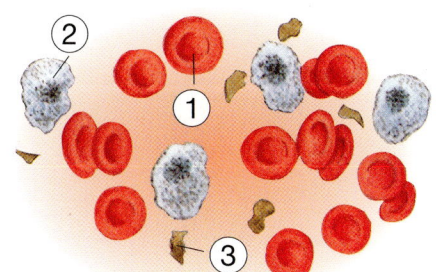

Der Puls

Wenn du mit deinem Finger leicht auf die Innenseite deines Handgelenks drückst, kannst du gleichmäßige Bewegungen spüren. Das sind die Bewegungen deines Herzens. Man nennt sie Puls. Er geht deutlich schneller, wenn du Sport treibst.

Nasenbluten

Im Inneren deiner Nase befindet sich ein dichtes Netz von winzigen Blutgefäßen. Wenn du dich zu heftig schnäuzt, dich stößt oder stark aufregst, können sie platzen. Dann hast du Nasenbluten.

Herzinfarkt

Arterien versorgen den Herzmuskel. Manchmal werden diese Herzkranzgefäße durch Klümpchen verstopft oder verengen sich. Dann kann das Blut nicht mehr ungehindert fließen und es kommt zu einem meist lebensgefährlichen Herzinfarkt.

DER MENSCHLICHE KÖRPER
DER VERDAUUNGSAPPARAT

Damit sich der Körper gut entwickeln kann und gesund bleibt, müssen wir uns ausgewogen ernähren und viel Obst und Gemüse essen. Die Nahrung macht eine lange Reise durch unseren Verdauungsapparat. Dieser »recycelt« die Nährstoffe aus dem Speisebrei und sondert die Schadstoffe aus. Unser Körper verfügt ebenfalls über eine »Reinigungsstation«: die Nieren.

Eine langsame Reise

Auf dem Weg vom Mund zum Darmausgang legt die Nahrung einen 9 m langen Weg im Verdauungsapparat zurück. Dieser Prozess dauert rund 30 Stunden. Er beginnt im Mund. Hier wird die Nahrung durch Kauen zerkleinert. Dabei hilft auch der Speichel, der die Stücke aufweicht.

Verdauung

Der Speisebrei gelangt über die Speiseröhre in den Magen. Dort durchmischen ihn die Verdauungssäfte. Sie zerlegen ihn in kleinere Bestandteile. Im Dünndarm wird der Verdauungsprozess dann abgeschlossen.

Nährstoffverteilung

Die Nährstoffe sind die Stoffe, die der Körper verwenden kann. Sie lösen sich im Blut auf, genauso wie Zucker sich in Wasser auflöst. Die Nährstoffe dringen durch die Wände des Dünndarms. Das Blut verteilt sie im ganzen Körper. Abfallstoffe gelangen in den Dickdarm und werden über den Darmausgang (Anus) ausgeschieden.

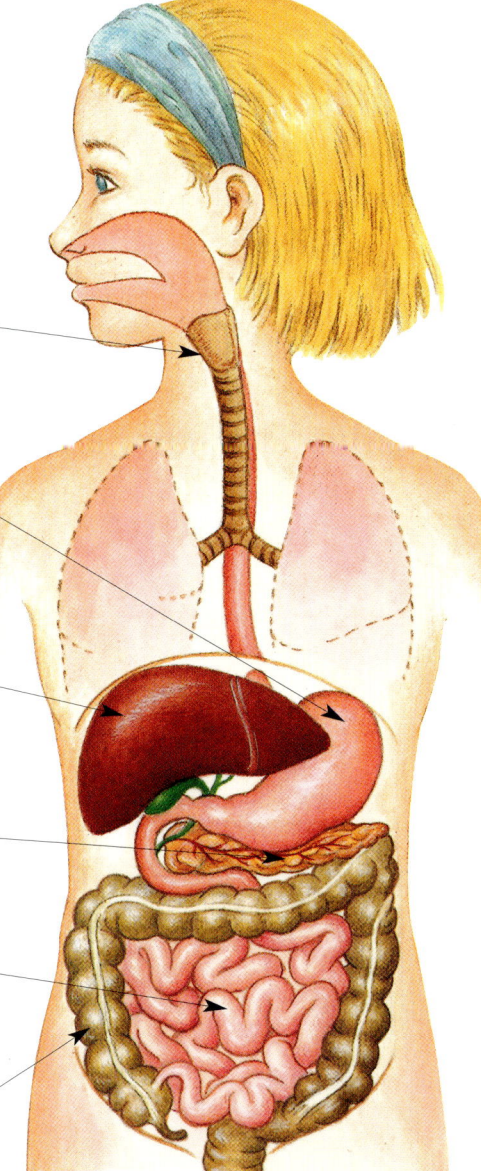

Die Speiseröhre ist 25 cm lang. Innerhalb von wenigen Sekunden gelangt die Nahrung in den Magen.

Im Magen bleibt die Nahrung für zwei bis vier Stunden.

In der Leber sammeln sich Nährstoffe und werden in Energie verwandelt. Anschließend wird diese weitergegeben.

Leber und Bauchspeicheldrüse setzen Verdauungssäfte frei.

Der Dünndarm hat viele Windungen und misst insgesamt 7 bis 8 Meter.

Er geht in den 1,5 m langen Dickdarm über. Dort lagern die unverdaulichen Stoffe für etwa 15 Stunden.

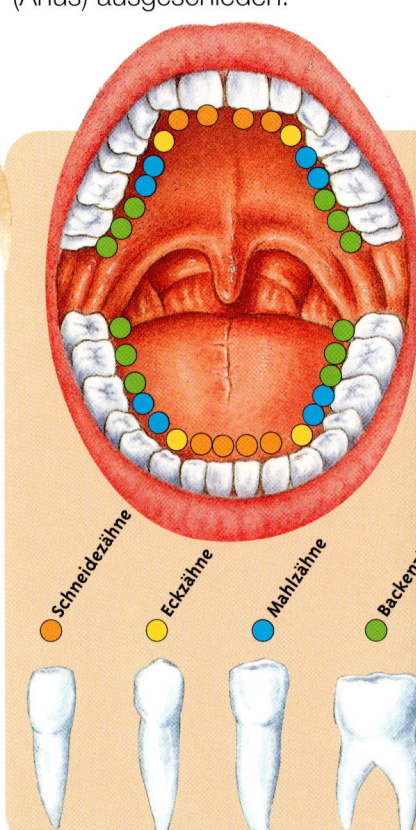

Der Dünndarm ist über 7 m lang!

HARNFLUSS

Die Nierenarterien befördern Blut zu den Nieren. Dort befindet sich die „Reinigungsstation" unseres Körpers.

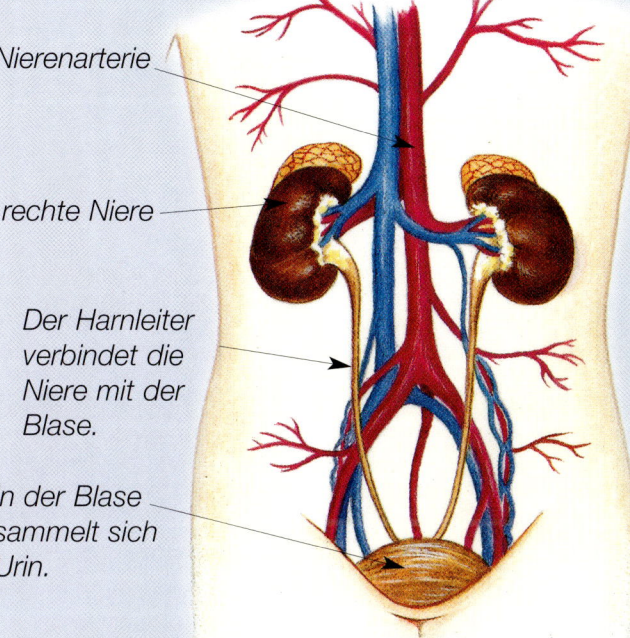

Nierenarterie

rechte Niere

Der Harnleiter verbindet die Niere mit der Blase.

In der Blase sammelt sich Urin.

Die Nieren sind zwei bohnenförmige Organe. Sie sind nicht größer als eine Faust.

Brechreiz
Isst du zu viel oder verdorbene Nahrung, dann zieht sich der Magen zusammen und scheidet seinen Inhalt über den Mund wieder aus: Man übergibt sich.

Bauchschmerzen
Mit dem Darm ist etwas nicht in Ordnung. Die aufgenommene Nahrung wird sofort als Durchfall wieder ausgeschieden. Manchmal ist die Verdauung auch träge. Das geschieht, wenn du nicht genügend Obst und Gemüse isst. Denn diese enthalten Fasern, welche die Verdauung erleichtern. Auch wenn du dich nicht genug bewegst, bekommst du schnell Verstopfung.

Dialyse
Bei der Dialyse wird mithilfe einer Maschine das Blut von Menschen gereinigt, deren Nieren nicht mehr richtig arbeiten.

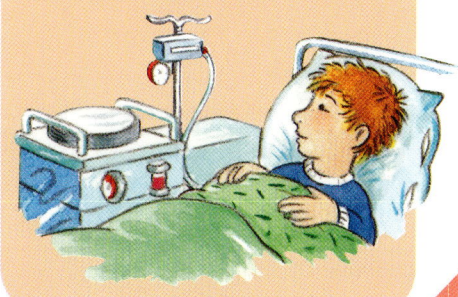

DIE ZÄHNE

Die Zähne haben eine wichtige Aufgabe: Sie zerkleinern die Nahrung und erleichtern so die Verdauung. Mit den flachen Schneidezähnen kann man die Nahrung abbeißen und zerteilen. Neben ihnen stehen die Eckzähne, dahinter die Mahl- und die Backenzähne. Diese sind deutlich breiter und man kann gut auf ihnen kauen. Zähne muss man gut pflegen. Auch regelmäßige Besuche beim Zahnarzt sind wichtig. Denn die Zähne, die mit etwa 6 Jahren nach den Milchzähnen wachsen, behält man sein ganzes Leben lang.

DIE NIEREN
Schadstofffilter

Wasser ist wichtig für unseren Körper. Wir trinken es oder nehmen es über die Nahrung auf. Wie die Nährstoffe wird auch das Wasser über das Blut transportiert. Doch unser Körper stellt auch Abfallstoffe her, die ausgeschieden werden müssen. Die Nieren spielen dabei eine wichtige Rolle. Über 300-mal pro Tag reinigen sie das Blut und filtern Schadstoffe heraus. Das gereinigte Blut fließt danach weiter. Die Abfallstoffe werden in die Blase gebracht, wo sie als Urin ausgeschieden werden. Bei Nierenkranken sammeln sich giftige Stoffe im Blut an. Deshalb muss es immer wieder gereinigt werden. Diese Blutwäsche nennt man Dialyse.

DER MENSCHLICHE KÖRPER
DAS GEHIRN

Dank unserer Sinnesorgane und unseres Gehirns können wir tasten, fühlen, hören, verstehen und denken. In jedem einzelnen Augenblick verarbeitet dieser »Computer« unzählige Informationen. Es sammelt sie, ordnet sie und gibt dann Befehle an die einzelnen Körperteile. Manchmal geschieht das auch, ohne dass wir es bemerken.

Hypothalamus ①.
Diese Gehirnregion ist für Empfindungen wie Hunger, Durst, Angst, Ärger und Fieber verantwortlich.

Sehzentrum ②.
Die Augen nehmen Bilder wahr, die über Sehnerven zum Gehirn weitergeleitet werden. Ehe das Gehirn die Bilder verarbeiten kann, müssen sie umgedreht werden. Denn die Netzhaut (Retina) der Augen empfängt die Bilder auf dem Kopf stehend!

Im Hörzentrum ③ werden die Geräusche verarbeitet, die das Ohr wahrnimmt.

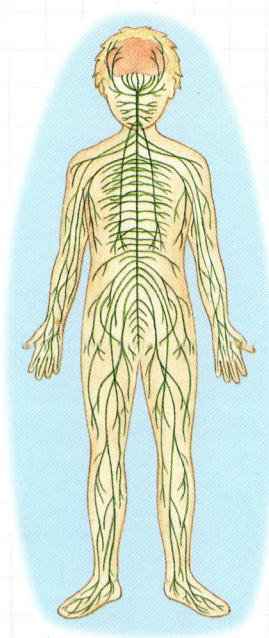

Das Kleinhirn ④ steuert die Bewegungen des Körpers. Es hilft uns auch, das Gleichgewicht zu halten.

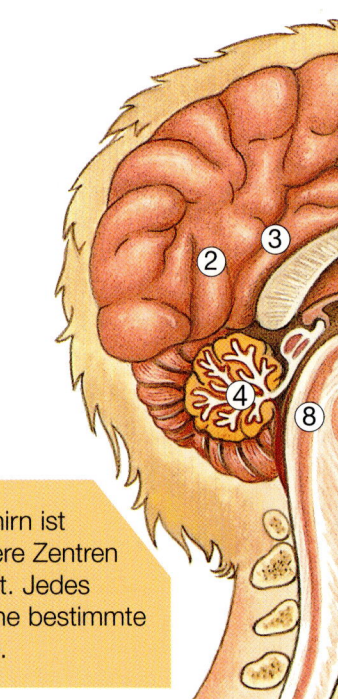

Über das Nervensystem stehen Körper und Gehirn miteinander in Verbindung. Der Hauptnervenstrang unseres Körpers ist das Rückenmark. Es entspringt im Gehirn und läuft durch die gesamte Wirbelsäule. Das Gehirn übermittelt seine Befehle an Organe und Muskeln mithilfe von tausenden kleinen »Kabeln«: den Nerven.

Das Gehirn ist in mehrere Zentren aufgeteilt. Jedes erfüllt eine bestimmte Aufgabe.

Das Gehirn als Bordcomputer

Das Geschmackszentrum ⑥ spielt beim Essen eine Rolle: So kannst du Süßes von Salzigem unterscheiden.

Die Wörter und die Töne werden im Sprachzentrum ⑦ entziffert. Im Gehirn werden auch unsere Gedanken in Sprache übersetzt. Es lenkt außerdem die Stimmbänder sowie die Bewegungen der Lippen.

Das Gedächtnis

Das Gedächtnis ist sozusagen die Bibliothek unseres Gehirns. Alles was wir wissen, befindet sich dort. Erhalten wir neue Informationen, werden sie mit den gespeicherten Erinnerungen verglichen. So kann ein Wort, das wir schon einmal gehört haben, leicht verstanden werden. Wenn wir schlafen, ordnet das Gehirn die unzähligen Informationen, die wir den ganzen Tag über empfangen haben.

Im Inneren der Wirbelsäule befindet sich das Rückenmark ⑧. Es überwacht unseren Herzrhythmus sowie die Geschwindigkeit, mit der wir atmen.

Der Geruchssinn ⑤ hilft uns, Düfte voneinander zu unterscheiden.

Die Haut ist für den Tastsinn ⑨ wichtig. Auf ihr sitzen tausende Nervenzellen, die uns erlauben, warm und kalt, sanft und rau, hart und weich, trocken und feucht wahrzunehmen. Wenn man sich die Hand verbrennt, senden die Nervenzellen Signale an das Tastzentrum. Dieses gibt den Befehl, die Hand rasch wieder zurückzuziehen!

Das Bewegungszentrum ⑩ steuert das bewusste Bewegen unserer Muskeln.

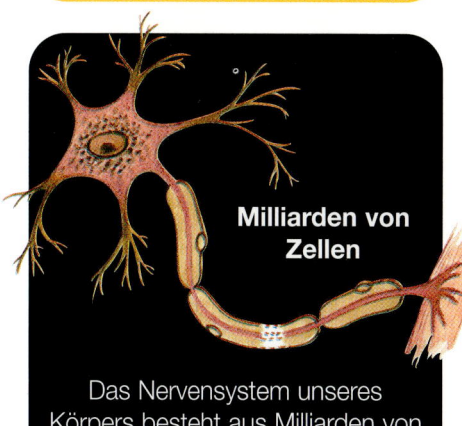

Milliarden von Zellen

Das Nervensystem unseres Körpers besteht aus Milliarden von Nervenzellen, Neuronen genannt. Sie arbeiten ohne Unterlass. Die Neuronen sind zu tausenden Nervensträngen zusammengefasst. Sie empfangen von den Sinnesorganen Informationen, verwandeln sie in Signale und leiten sie zum Gehirn weiter. Diese Signale laufen mit nahezu 300 km/h durch das Nervensystem!

DER MENSCHLICHE KÖRPER
WIE LEBEN ENTSTEHT

Ein Baby kann entstehen, wenn Mann und Frau miteinander intim sind. Das ist ein körperlicher Vorgang: Der Mann führt seinen Penis in die Vagina (Scheide) der Frau ein. Wird die Eizelle der Frau von einer Samenzelle des Mannes befruchtet, entsteht neues Leben. Neun Monate wächst das Baby im Bauch der Mutter heran. Doch bei der Geburt ist es noch nicht ausgewachsen: Es entwickelt sich viele Jahre lang weiter.

Ein gemeinsames Abenteuer

In der Zeit der Schwangerschaft erhält das Baby über die Nabelschnur Sauerstoff und Nährstoffe von der Mutter. Ab dem fünften Monat kann man manchmal fühlen, wie sich das Baby bewegt, wenn man die Hand auf den Bauch der Mutter legt. Mithilfe von Ultraschall kann der Arzt Aufnahmen machen, sodass man das Baby auf einem Bildschirm sehen kann.

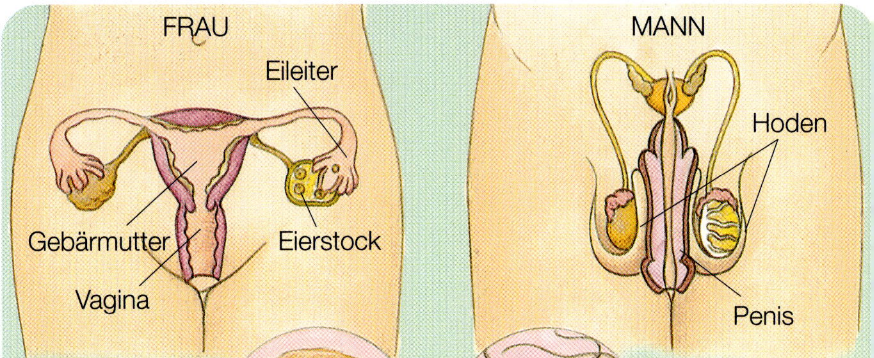

FRAU — Eileiter, Gebärmutter, Eierstock, Vagina

MANN — Hoden, Penis

Jeden Monat wandert eine Eizelle von den Eierstöcken in den Eileiter.

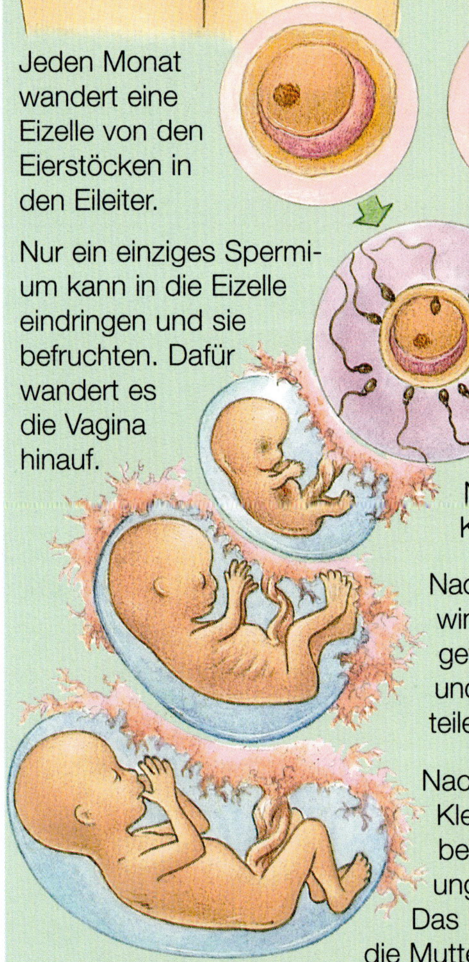

Nur ein einziges Spermium kann in die Eizelle eindringen und sie befruchten. Dafür wandert es die Vagina hinauf.

Millionen Spermien werden in den Hoden des Mannes gebildet und treten über den Penis aus.

Das befruchtete Ei setzt sich in der Gebärmutter in einer Art Tasche fest. Diese ist mit Feuchtigkeit gefüllt.

Nach sechs Wochen kann man Kopf und Körper unterscheiden.

Nach drei Monaten ist aus dem winzigen Ei bereits ein kleines Baby geworden. Es ist 7 bis 10 cm groß und wiegt 45 g. Die Geschlechtsteile bilden sich nun aus.

Nach fünf Monaten misst das Kleine 25 cm, wiegt 500 g und bekommt Haare. Sein Verdauungsapparat beginnt zu arbeiten. Das Baby nuckelt am Daumen und die Mutter fühlt, wie es strampelt.

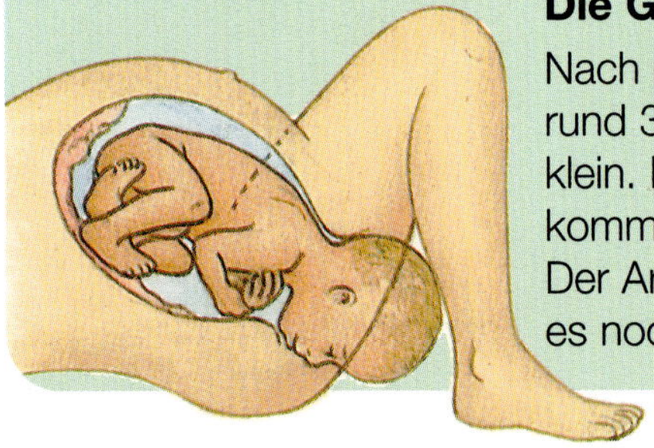

Die Geburt

Nach neun Monaten wiegt das Baby rund 3 kg. Die Gebärmutter wird jetzt zu klein. Die Wehen setzen ein. Das Baby kommt mit dem Kopf voran auf die Welt. Der Arzt zertrennt die Nabelschnur, die es noch mit der Mutter verbindet.

Die Entwicklung des Babys

Das Baby wächst

Schon direkt nach der Geburt legt man das Baby an die Brust seiner Mutter. Die Muttermilch enthält alles, was das Kleine zum Leben braucht. Man kann sein Baby auch mit der Flasche füttern. Mit einem Monat beginnt das Baby zu lächeln, aber es kann Bewegungen noch nicht mit den Augen folgen.

Mit sechs Monaten lernt das Kleine aufrecht zu sitzen. Die ersten Zähne (Milchzähne) wachsen. Es kann jetzt schon Brei essen. Neugierig betastet es alles, was ihm in die Hände fällt. Mit neun Monaten erkundet das Baby auf allen vieren die Welt. Es kann aber auch schon aufrecht stehen. Besonders gern stellt es Würfel aufeinander und wirft mit kleinen Gegenständen.

Das Kleine beginnt langsam zu sprechen und ahmt Silben nach. Mit zwölf Monaten ist das Baby rund 70 cm groß und wiegt 10 kg. Es macht seine ersten Schritte. Jedes Baby hat aber seinen eigenen Rhythmus. Manche entwickeln sich schneller, andere langsamer.

Von der Kindheit ...

Das Kind wächst heran und lernt neue Dinge. Mit sieben oder acht Jahren werden Freunde immer wichtiger, mit denen es sich trifft und spielt. Es lernt lesen, schreiben und rechnen und eignet sich immer neues Wissen an.

... zum Erwachsenenalter

Zwischen zehn und sechzehn Jahren kommen Kinder in die Pubertät und der Körper verändert sich. Körperhaare beginnen zu wachsen. Die Brüste der Mädchen entwickeln sich. Ihre Eierstöcke bilden jeden Monat eine Eizelle. Die Mädchen bekommen die Regelblutung (Menstruation), bei der Blut aus der Vagina fließt. Bei den Jungen werden die Schultern breiter, die Stimme wird tiefer und der Penis wächst. Die Hoden bilden Spermien.

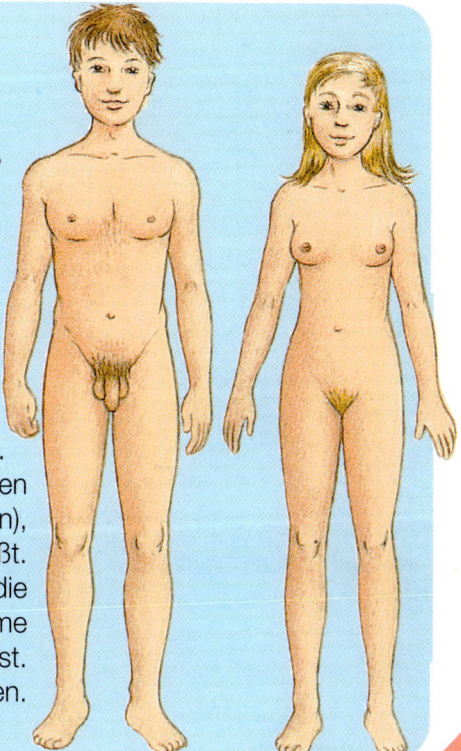

DIE KÜNSTE
MALEREI UND BILDHAUEREI

Mit Tusche, Öl- oder Aquarellfarben bilden Künstler auf Leinwänden, Mauern, Vasen oder Holz die Wirklichkeit ab. Oft lassen sie auch ihre Fantasie wirken und denken sich neue Darstellungen aus. Bildhauer arbeiten mit ihren Händen oder mit Hammer und Meißel. Sie erschaffen Statuen oder andere dreidimensionale Gegenstände. Dafür verwenden sie viele unterschiedliche Materialien.

MALEREI

Altarikone: Mutter Gottes mit Kind

Die Geschichte der Malerei

Je nach Land und Zeit verändern sich auch Stil und Technik der Künstler. Die ägyptischen Maler zeigen die Figuren stets im Profil, den Oberkörper jedoch immer von vorne. In Griechenland wird Keramik oft bemalt. Die Figuren dieser so genannten Vasenmalerei sind zunächst schwarz, später dann rot gefärbt. Sie erzählen vom täglichen Leben und den Göttern. Im 5. Jahrhundert n. Chr. entstehen im Byzantinischen Reich die ersten Heiligenbilder des Christentums, die meist auf Holz gemalten Ikonen.

Künstler der Frühgeschichte

Die ersten Malereien und Skulpturen entstehen vor ungefähr 25 000 Jahren. Mit Höhlenmalereien oder geschnitzten Figuren aus Holz oder Knochen bringen die Steinzeitmenschen ihre Vorstellungen von Welt und Schönheit zum Ausdruck. Der Frauenkopf rechts ist aus Elfenbein und wurde in Frankreich gefunden.

BILDHAUEREI

①

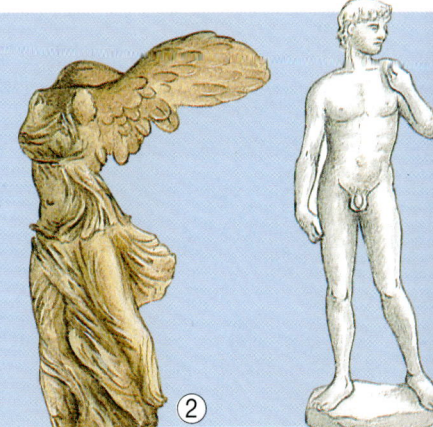

②

Ägyptische Bildhauerkunst

Die ägyptischen Bildhauer gestalten riesige Statuen aus Stein. Die Sphinx ①, welche die Pyramide von Gizeh bewacht, wurde direkt in den Felsen geschlagen. Sie zeigt einen Löwen mit Menschenkopf und soll den Pharao als Gott darstellen. Die Statue ist 20 m hoch und 57 m lang.

Der griechische Einfluss

Unter den Händen der griechischen Bildhauer wird der Marmor lebendig. Die Nike von Samothrake ② entsteht im 2. Jahrhundert v. Chr. Kopf und Arme sind verloren gegangen. Der italienische Künstler Michelangelo ③ lässt sich vom griechischen Stil beeinflussen. Er stellt den menschlichen Körper sehr wirklichkeitsgetreu dar.

Farben, Formen, Materialien

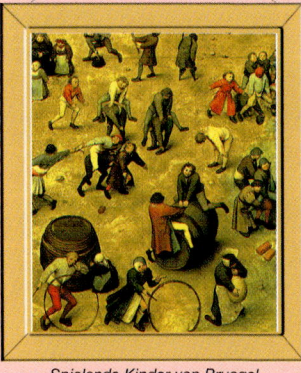
Spielende Kinder von Bruegel

Der Seerosenteich von Monet

Maya mit Puppe von Picasso

Die Renaissance

Im 16. Jahrhundert schmückt der Italiener Michelangelo die Sixtinische Kapelle in Rom mit großen Deckenfresken. Man hat fast den Eindruck, die Figuren würden sich bewegen, so wirklichkeitsgetreu sind sie wiedergegeben. Aus der Haltung der Figuren lassen sich ihre Gefühlsregungen ablesen: Freude, aber auch Angst. Das ist beim flämischen Maler Bruegel ebenso der Fall. Er bildet neben Landschaften auch Szenen aus dem täglichen Leben ab. Seine Werke sind mit Liebe fürs Detail gearbeitet. Jedes erzählt eine Geschichte mit einer Moral.

Moderne Malerei

Gegen Ende des 19. Jahrhunderts stellen Impressionisten wie Monet oder Seurat die Natur mithilfe von kleinen Farbtupfern dar. Die Werke von van Gogh sind besonders ausdrucksstark. Später zerlegen Picasso und die Kubisten den Körper in geometrische Formen.

  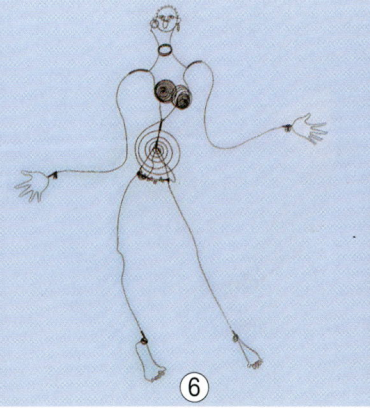 

④ ⑤ ⑥ ⑦ ⑧

Menschenstatuen

Im Mittelalter schmücken zahlreiche bemalte Holzstatuen ④ die Kirchen. Nach und nach werden Statuen nicht mehr allein für den religiösen Bereich geschaffen. Ende des 19. Jahrhunderts schafft Auguste Rodin Figuren aus Bronze oder Marmor, wie seinen „Denker" ⑤.

Das 20. Jahrhundert

Die Bildhauerei ist wie die Malerei nun keine rein abbildende Kunst mehr: Sie entfernt sich von der Wirklichkeit. Der Amerikaner Alexander Calder arbeitet nicht mehr mit massiven Formen, sondern er gestaltet aus Metallplättchen und Stahldraht Tiere und Menschen ⑥.

Sie beeindrucken durch ihre große Leichtigkeit. Der Schweizer Alberto Giacometti schafft sehr lange, schlanke Bronzestatuetten, die zerbrechlich wirken ⑦. Giacomo Balla fügt bunte Holzteile zu dieser Blume zusammen ⑧. Der Einfallsreichtum der Bildhauer kennt keine Grenzen.

DIE KÜNSTE
ARCHITEKTUR

Architekten entwerfen Pläne für Häuser, religiöse Bauten, Museen und Brücken. Bei den Entwürfen müssen bestimmte Bauvorschriften eingehalten werden. Doch auch die Schönheit darf nicht zu kurz kommen. Im Laufe der Zeit haben sich Baumaterialien und Bauweisen geändert. Auch die Vorstellung von Schönheit entwickelt sich immer weiter.

Die Pyramiden
Die Ägypter errichten zuerst aus Mauersteinen, dann aus Felsblöcken Stufenpyramiden. Sie dienen als Pharaonengräber und werden vor rund 2350 Jahren in Bauten mit glatten Seitenwänden ① umgewandelt. Viel später bauen die Maya in Mexiko ihre Tempel auf der Spitze von Stufenpyramiden ②.

Griechische Bauweise
In Griechenland erfindet man die Ziegeldächer. Doch die griechische Architektur der Antike sticht besonders im Bereich der öffentlichen Gebäude hervor, wie der Parthenon in Athen zeigt. Dessen rechteckiger Grundriss bleibt durch die Jahrhunderte bis heute bestehen, nur das Aussehen der Säulen hat sich verändert.

Gotische Kunst
Im 12. Jahrhundert werden aufgrund neuer statischer Erkenntnisse die Mauern dünner und die Pfeiler höher. Große Fenster erleuchten das Innere der gotischen Kirchen. Die Fassaden sind reich geschmückt.

Die Renaissance
Im 15. Jahrhundert verwandeln sich die düsteren Burgen des Mittelalters in weitläufige Anwesen mit hohen Fenstern. Fensteröffnungen und Türmchen zieren die Dächer. Die Burgzinnen sind nun verschwunden. Das Hauptgebäude betritt man über eine großzügige Doppel-Wendeltreppe.

Der Architekt
Ein Architekt kann zeichnen, muss aber auch Berechnungen anstellen und technische Kenntnisse besitzen. Heute werden Baupläne mit dem Computer entworfen. Architektur wird an Hochschulen gelehrt.

Eine Reise durch die Baukunst

Byzantinische Kunst

Istanbul, heute die Hauptstadt der Türkei, ist früher christlich gewesen. Im 6. Jahrhundert wird die Kirche Hagia Sofia erbaut. Ihre Kuppel hat einen Durchmesser von 31 m und ist 55 m hoch. Nach der Eroberung der Stadt durch die Araber 1453 wird die christliche Kirche zur Moschee: Vier Minarette kommen hinzu.

Pagodenbauten

Buddhistische Tempel in China und Japan sind im Stil der Pagodenbauten errichtet. Die übereinander liegenden Ziegeldächer sind geschwungen und schützen die Holzwände. Pagoden haben üblicherweise drei oder vier Stockwerke. Manche haben sogar sieben Stockwerke! Je höher man steigt, umso kleiner wird das Stockwerk.

Romanische Kunst

Um das Jahr 1000 wird in Westeuropa eine neue Art von Steinkirche errichtet. Dabei verwendet man Bautechniken, die noch aus römischer Zeit stammen: Breite Mauern und wuchtige Pfeiler und Säulen stützen Tonnengewölbe. Deshalb wirken die romanischen Kirchen sehr massiv.

Muslimische Kunst

Im 17. Jahrhundert lässt der indische Mogulkaiser seiner Frau in Agra ein Grabmal errichten: das Tadsch Mahal, ein Meisterwerk der muslimischen Baukunst. Die kugelförmigen Kuppeln überwölben reich gegliederte Mauern aus Marmor. Zudem sind farbige Steine in die Mauern eingelassen.

Stahl und Beton

Die industrielle Revolution im 19. Jahrhundert verändert auch die Baukunst. Gerüste werden jetzt nicht mehr aus Holz, sondern aus Stahl erbaut. Stein wird durch Beton ersetzt. In New York ragen die Häuser immer weiter in den Himmel. Das berühmte Chrysler Building von 1920 ist 320 m hoch!

Gewagte Konstruktionen

Nur zwei Betonpfeiler tragen die Brücke über die Seinemündung in der Normandie in Frankreich. Sie ist insgesamt 856 m lang und hängt an langen Stahlseilen. Die Oper im australischen Sydney sticht durch ihr ausgefallenes Dach ins Auge, bei dem der Architekt modernste Bautechniken angewendet hat.

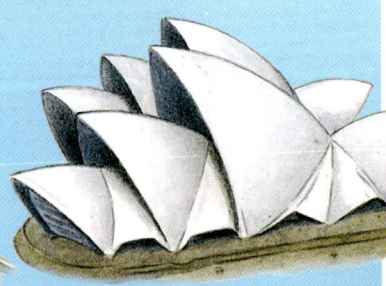

DIE KÜNSTE
MUSIK UND TANZ

Schon in der Steinzeit drücken Menschen ihre Gefühle mithilfe von Musik aus. Sie verwenden dabei zum Beispiel Flöten, die sie aus Tierknochen schnitzen. Oder sie bauen Trommeln, indem sie Tierhäute über leere Gefäße spannen. Zur Musik wird getanzt, um die Götter milde zu stimmen, um Regen oder eine gute Jagd zu erbitten. Später treten Musiker und Tänzer auf Bühnen auf. Aber auch außerhalb der Bühne singt und tanzt man gerne zum Vergnügen!

Das Sinfonieorchester

Sinfonieorchester spielen bei ihren Konzerten klassische Musik. Die Instrumente „erzählen" fröhliche und traurige Geschichten in mehreren Kapiteln. Die einzelnen Kapitel in der Orchestermusik nennt man Sätze. Die Saiteninstrumente besetzen im Orchester die vordersten Plätze. Dann kommen die Blas- und ganz hinten die Schlaginstrumente. Jeder Musiker hat seine Noten vor sich. Der Dirigent gibt mit dem Taktstock das Tempo an. Mit der anderen Hand gibt er zu verstehen, ob das Stück sanft oder kraftvoll gespielt werden soll.

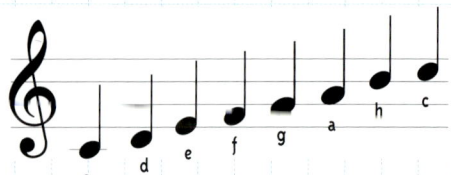

Noten lesen

Die Noten auf dem Notenpapier geben Auskunft über die Tonhöhe und den Rhythmus der Musik.

Was die Noten bedeuten

Die Note liegt und hat keinen Hals: Das ist eine ganze Note.

Die Note steht schräg und hat einen Hals und einen weißen Kopf: Das ist eine halbe Note.

Die Note steht schräg und hat einen Hals und einen schwarzen Kopf: Das ist eine Viertelnote.

Die Note steht schräg und hat einen schwarzen Kopf und ein Fähnchen am Hals: Das ist eine Achtelnote.

Instrumente der Welt

Jede Kultur verfügt über ihre eigenen Musikinstrumente. Die aus Schilfrohr geschnittene Panflöte wird in den südamerikanischen Anden verwendet. In Schottland, Irland und der Bretagne tanzt man zu den Klängen des Dudelsacks. In Afrika spielt jedes Volk seine eigenen Trommeln.

Gesang

Jeder kann mehr oder weniger gut, mehr oder weniger richtig singen! Doch Opernsänger und -sängerinnen setzen ihre Stimme wie ein Musikinstrument ein: Ihr kraftvoller Gesang bringt die unterschiedlichsten Töne hervor. Wie die Instrumente haben auch die Stimmen jeweils einen anderen Klang: Es gibt hohe und tiefe Stimmen.

Eine Sprache aus Tönen und Rhythmen

Die Musik des 20. Jahrhunderts

Im Laufe der Zeit haben sich die Musikstile und Instrumente stets weiterentwickelt. Zu Beginn des 20. Jahrhunderts kommt in Amerika der Jazz auf. Diese Stilrichtung verbindet die Musik der Schwarzen mit europäischen Klängen. Gesang und Blechinstrumente spielen eine wichtige Rolle bei dieser sehr rhythmischen Musik.

In den 50er-Jahren des 20. Jahrhunderts kommt der Rock and Roll auf. Man singt und spielt ihn zu den lauten Klängen der E-Gitarren. Der Rock and Roll ist die Musik der Jugend und drückt ihr Aufbegehren aus. Nach und nach verändert er sich durch den Einsatz elektronischer Instrumente.

Das Ballett

Das Ballett entsteht in der italienischen Renaissance. Zunächst tanzen nur maskierte und kostümierte junge Adlige. Im 17. Jahrhundert wird auch auf der Bühne getanzt: Das Tanzen ist nun ein eigener Beruf. Ausgehend von den Musikstücken der Komponisten entwerfen Choreografen die verschiedenen Bewegungen und Schritte der Tänzer. Im Jahr 1713 wird in der Pariser Oper eine Ballettgruppe ins Leben gerufen. Nur durch harte Arbeit und häufiges Üben kann eine Ballettschülerin zu einer gefeierten Primaballerina werden. Im 20. Jahrhundert verzichtet man schließlich auf Tüllrock und Ballettschuhe: Der Tanz wird modern.

Volkstänze

Jede Region in Europa hat ihre eigenen Bauerntänze. Sie werden an Feiertagen in Festkleidung getanzt. In Bayern tanzt man zum Beispiel den Schuhplattler. Bei uns werden diese alten Traditionen heute von Volkstanzgruppen weitergeführt. Doch in vielen anderen Ländern werden die alten Volkstänze noch bei Festen getanzt.

Salontänze

In den Salons der reichen Bürger und Adligen tanzt man anders als auf dem Land. Im 19. Jahrhundert ist der Walzer modern. Gegen Ende des Jahrhunderts finden der argentinische Tango und der amerikanische Charleston ihren Weg nach Europa. Dann kommen der Rock, Techno und andere Stile in Mode.

DIE KÜNSTE
KINO UND FOTOGRAFIE

Bis zum 19. Jahrhundert kann man die Welt nur mit Zeichnungen abbilden – bis die Fotografie erfunden wird. Das Wort stammt aus dem Griechischen und bedeutet wörtlich übersetzt »mit Licht schreiben«. Die französischen Brüder Lumière bringen zum ersten Mal bewegte Bilder auf die Leinwand: Das ist die Geburtsstunde des Kinos! Das 20. Jahrhundert wird zum Jahrhundert der Bilder.

Die Fotografie macht Fortschritte

Die ersten Fotoapparate sind noch aus Holz. Der Fotograf kann mit dem Objektiv die Schärfe des Bildes einstellen. Mit einem Stativ verhindert man, dass die Aufnahme verwackelt. Statt der üblichen Glasplatte verwendet man bald weiches Filmmaterial, das man als Filmrolle in die Apparate der 1930er-Jahre einlegt. Die Aufnahmezeit ist jetzt deutlich kürzer. Bald entstehen die ersten Farbfotos. 1947 wird die Polaroidaufnahme erfunden. Dabei werden die Fotos innerhalb weniger Minuten fertig entwickelt. Moderne Apparate erledigen die nötigen Einstellungen (Schärfe, Entfernung usw.) automatisch. Bilder von Digitalkameras kann man sich auf dem Computer ansehen. Die Kameras brauchen nun keinen Film mehr.

Bewegte Bilder

Lässt man Einzelbilder schnell hintereinander ablaufen, entsteht der Eindruck einer fortlaufenden Bewegung. Der französische Arzt Etienne Jules Marey erfindet nach diesem Prinzip den Vorläufer der Filmkamera. Er macht Aufnahmen von einem laufenden Pferd.

Die erste Filmkamera

Die handbetriebene Filmkamera der Brüder Lumière nimmt Bilder auf und wirft sie auf eine Leinwand. Im Jahr 1895 erregt einer ihrer Filme Angst und Schrecken bei den Zuschauern. Er zeigt einen Zug, der in einen Bahnhof einfährt: Das Publikum fürchtet vom Zug überfahren zu werden!

Die erste Fotografie

1826 hält der Franzose Nicéphore Niépce ein Bild auf einer Platte fest, die mit Bitumen (einer Art Asphalt) bestrichen ist. Der Fotoapparat funktioniert nach dem Prinzip der Camera obscura: Durch ein Objektiv (ein einfaches Loch) fällt Licht ein, das die Farben der Fotoplatte verändert. Auf diese Weise wird ein Bild aufgenommen, das auf der Fotoplatte spiegelbildlich erscheint.

Die Künste im 19. und 20. Jahrhundert

... zum Krieg der Sterne

Erst in den 1950er-Jahren setzen sich die Farbfilme in den Kinos durch. Die Leinwände werden jetzt größer. Die Tonspur muss genau auf die Bilder abgestimmt werden.

Von Charlie Chaplin ...

Zuerst kommen Stummfilme in schwarz-weiß in die Kinos. Ein Pianist begleitet dabei die Vorführung musikalisch. Das Kino hat schon bald großen Zulauf. Alle wollen die Filme mit Charlie Chaplin sehen. Vor dem Hauptfilm werden manchmal noch die Nachrichten gezeigt. Die ersten Tonfilme entstehen in den 1920er-Jahren.

Technische Fortschritte, vor allem auf dem Gebiet der Computertechnologie, machen immer mehr Spezialeffekte möglich. Computeranimierte Dinosaurier oder Außerirdische bevölkern die Leinwand. In 3-D-Kinosälen hat der Zuschauer den Eindruck, selbst am Filmgeschehen teilzunehmen.

Film ab!

Der Regisseur leitet die Dreharbeiten. Der Aufnahmeleiter unterstützt ihn, indem er Kameramänner und Beleuchter überwacht. Die Tontechniker kümmern sich um die Mikrofone und sorgen für eine klare Aufnahme. Die Bühnenbildner statten den Drehort so aus, dass die Szene realistisch erscheint. Masken- und Kostümbildner sind für das Aussehen der Schauspieler und der Komparsen verantwortlich. Die Regieassistentin wacht über einen geregelten Ablauf der Aufnahmen. Ein weiterer Assistent sagt die aktuelle Szenennummer an... Action!

DIE FLAGGEN VON

AFGHANISTAN	ÄGYPTEN	ALBANIEN	ALGERIEN	ANDORRA	ANGOLA	ANTIGUA UND BARBUDA	ÄQUATORIAL-GUINEA	ARGENTINIEN
ARMENIEN	ASERBAIDSCHAN	ÄTHIOPIEN	AUSTRALIEN	BAHAMAS	BAHREIN	BANGLADESCH	BARBADOS	BELGIEN
BELIZE	BENIN	BHUTAN	BIRMA	BOLIVIEN	BOSNIEN-HERZEGOWINA	BOTSWANA	BRASILIEN	BRUNEI
BULGARIEN	BURKINA FASO	BURUNDI	CHILE	CHINA	COSTA RICA	DÄNEMARK	DEUTSCHLAND	DOMINICA
DOMINIKANISCHE REPUBLIK	DSCHIBUTI	ECUADOR	ELFENBEIN-KÜSTE	ERITREA	ESTLAND	FINNLAND	FRANKREICH	GABUN
GAMBIA	GEORGIEN	GHANA	GRENADA	GRIECHENLAND	GROSSBRITANNIEN	GUATEMALA	GUINEA	GUINEA-BISSAU
GUYANA	HAITI	HONDURAS	INDIEN	INDONESIEN	IRAK	IRAN	IRLAND	ISLAND
ISRAEL	ITALIEN	JAMAIKA	JAPAN	JEMEN	JORDANIEN	JUGOSLAWIEN	KAMBODSCHA	KAMERUN
KANADA	KAP VERDE	KASACHSTAN	KATAR	KENIA	KIRGISISTAN	KOLUMBIEN	KONGO	KONGO (DEM. REP.)
KROATIEN	KUBA	KUWAIT	LAOS	LESOTHO	LETTLAND	LIBANON	LIBERIA	LIBYEN
LIECHTENSTEIN	LITAUEN	LUXEMBURG	MADAGASKAR	MALAWI	MALAYSIA	MALEDIVEN	MALI	MALTA

180 LÄNDERN DER WELT

MAROKKO	MAURETANIEN	MAZEDONIEN	MEXIKO	MOLDAWIEN	MONACO	MONGOLEI	MOSAMBIK	NAMIBIA
NEPAL	NEUSEELAND	NICARAGUA	NIEDERLANDE	NIGER	NIGERIA	NORDKOREA	NORWEGEN	OMAN
ÖSTERREICH	PAKISTAN	PANAMA	PAPUA-NEUGUINEA	PARAGUAY	PERU	PHILIPPINEN	POLEN	PORTUGAL
RUANDA	RUMÄNIEN	RUSSLAND	SAINT KITTS AND NEVIS	SAINT LUCIA	SAINT VINCENT AND GRENADINES	SALVADOR, EL	SAMBIA	SAN MARINO
SAO TOMÉ U. PRINCIPE	SAUDI-ARABIEN	SCHWEDEN	SCHWEIZ	SENEGAL	SEYCHELLEN	SIERRA LEONE	SIMBABWE	SINGAPUR
SLOWAK. REP.	SLOWENIEN	SOMALIA	SPANIEN	SRI LANKA	SÜDAFRIKA	SUDAN	SÜDJEMEN	SÜDKOREA
SURINAM	SWASILAND	SYRIEN	TADSCHIKISTAN	TAIWAN	TANSANIA	THAILAND	TOGO	TRINIDAD U. TOBAGO
TSCHAD	TSCHECHISCHE REPUBLIK	TUNESIEN	TÜRKEI	TURKMENISTAN	UGANDA	UKRAINE	UNGARN	URUGUAY
USA	USBEKISTAN	VATIKANSTADT	VENEZUELA	VEREINIGTE ARAB. EMIRATE	VIETNAM	WEISS-RUSSLAND	ZENTRALAFRIK. REPUBLIK	ZYPERN

- AMERIKA
- EUROPA
- AFRIKA
- ASIEN
- AUSTRALIEN